本书受中南财经政法大学经费资助

日本信息技术教育应用研究及趋势分析

李 哲 ◇ 著

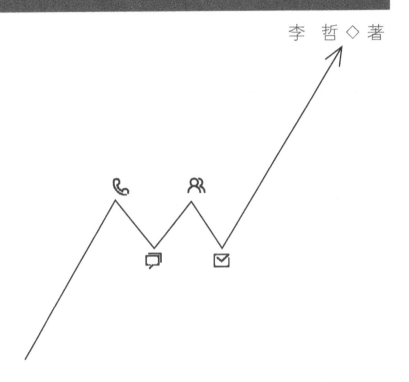

INFORMATION AND COMMUNICATIONS TECHNOLOGY

中山大學出版社
SUN YAT-SEN UNIVERSITY PRESS

·广州·

版权所有　　翻印必究

图书在版编目（CIP）数据

日本信息技术教育应用研究及趋势分析 / 李哲著 .—广州：中山大学出版社，2016.11

ISBN 978-7-306-05906-2

Ⅰ. ①日… Ⅱ. ①李… Ⅲ. ①信息技术—应用—教育工作—研究—日本 Ⅳ. ① G43

中国版本图书馆 CIP 数据核字（2016）第 279781 号

日本信息技术教育应用研究及趋势分析
ri ben xin xi ji shu jiao yu ying yong yan jiu ji qu shi fen xi

出 版 人：徐　劲
策划编辑：陈　露
责任编辑：赵爱平
封面设计：楚芊沅
责任校对：秦　夏
责任技编：王宋平
出版发行：中山大学出版社
电　　话：编辑部 020-84111996，84113349，84111997，84110779
　　　　　发行部 020-84111998，84111981，84111160
地　　址：广州市新港西路 135 号
邮　　编：510275　　传　真：020-84036565
网　　址：http://www.zsup.com.cn　　E-mail：zdcbs@mail.sysu.edu.cn
印 刷 者：虎彩印艺股份有限公司
规　　格：787mm×1092mm　1/16　14.25 印张　200 千字
版　　次：2016 年 11 月第 1 版　2016 年 11 月第 1 次印刷
定　　价：42.00 元

如发现本书因印装质量影响阅读，请与出版社发行部联系调换

前 言

现代信息化社会中,培养数字媒介生存能力成为教育的重要目标之一,具体来说就需要积极推进双向型教育和国际远程教育,采用网络媒体,通过多元化手段,努力探索新的教学法来促进新型学习方式的变革。国际化竞争能力的需求对教育中IT能力和外语能力提出了新的挑战,为此,日本近年来将教育和信息技术结合起来积极开展了各种尝试,尤其是大力开展利用多媒体技术和计算机网络技术辅助教学,e-learning、MOOC、协同学习、翻转学习等词汇不断见诸各类媒体。本书通过文献综述、对比分析、历时分析等研究方法,就日本近三十年来信息通信技术的发展历程、国家政策和项目、教育技术研究动向,以及信息技术教育与实践等依次展开全方面的论述,具体结构如下:

一 日本信息技术发展历程与应用

以日本信息通信技术发展变化历程为主要内容,将其分为邮政与电话时代、互联网与手机时代、宽带与智能手机时代三个阶段,依次展开具体描述和分析,并就今后技术发展趋势进行推测。

二 日本国家项目中信息技术的应用与实践

以日本产官学结合现状为主分析日本国家级项目中信息技术应用的具体实践情况,尤其是重点分析和介绍最近几年日本政府在教育领域的重大国家课题,如"未来学校推进事业""学习革新事业""先导性教育体制构筑事业""先导性教育系统实证事业"等，就国家政策导向、信息化教学环境建设、教育应用实践等展开分析和论述。

三 日本教育技术研究发展历程及动向

在前两章内容的基础上，就日本教育技术研究发展历程和动向进行具体分析，主要包括日本教育技术的学科发展、相关学术团体的研究活动、研究文献分析和案例分析等内容。

四 日本新媒体教育应用与研究

日本信息通信技术与新媒体和教育媒介有着紧密联系，通过分析日本新媒体应用研究现状，掌握日本对新媒体的定义、研究趋势、实践案例应用情况等内容，并就外语教育领域中新媒体的应用情况、外语教育改革动向和教育实践案例进行综合分析。另外，着重对日本开发教育资源和电子教材进行了重点梳理，涵盖 JOCW、JMOOC、社会教育、中小学电子教材、日语教育电子教材等内容。

五 日本信息技术教育动向

主要对日本高等教育中教师信息技术培训和初中等教育中信息技术教育展开分析，并对日本利用信息通信技术开展防灾教育和防灾实践等具体情况展开论述，最后就日本创客教育进行案例介绍和分析。

六 新技术的应用与实践

由于信息通信技术领域新的技术与应用层出不穷，因此特设此章，专门就知识可视化、视频通信技术、虚拟技术、人工智能和机器人教育此次展开论述。

本书适用于信息技术、教育技术、外语教育、新媒体等专业的研究人员和学习者作为参考辅导资料，内容涉及信息技术学、教育技术学、教育学、新闻传播学等诸多学科，力求兼顾各学科知识的通俗论述与教育技术领域知识的专业化分析，由于水平有限，虽竭尽全力，书中难免有错误和不妥之处，敬请各位专家和读者不吝赐教。

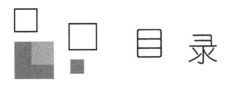
目 录

一 日本信息技术发展历程与应用 …………………… 1
  1.1 日本信息技术的发展背景 ………………………… 1
  1.2 邮政·电话时代（1985 年至 1994 年）………… 4
  1.3 互联网和手机时代（1994 年至 2005 年）……… 8
  1.4 宽带和智能手机时代（2005 年至今）…………… 16
  1.5 今后趋势与动向 …………………………………… 19

二 日本国家项目中信息技术的应用与实践 ………… 24
  2.1 日本产官学结合现状 ……………………………… 24
  2.2 "未来学校推进事业"与"学习革新事业" ……… 31
  2.3 "先导性教育体制构筑事业"和"先导性教育系统实证事业" … 46

三 日本教育技术研究发展历程及动向 ……………… 60
  3.1 日本教育技术研究历程 …………………………… 60
  3.2 日本教育技术研究动向 …………………………… 68

四 日本新媒体教育应用与研究 ……………………… 94
  4.1 新媒体应用研究现状 ……………………………… 94
  4.2 日本外语教育改革与实践 ………………………… 109

4.3　日本开放教育资源……………………………………… 125
　　4.4　电子教材……………………………………………… 137

五　日本信息技术教育动向…………………………………… 151
　　5.1　日本高校教师培训……………………………………… 151
　　5.2　中小学阶段信息技术教育……………………………… 156
　　5.3　ICT 防灾应用与防灾教育……………………………… 171
　　5.4　创客教育………………………………………………… 175

六　新技术的应用与实践……………………………………… 180
　　6.1　知识可视化……………………………………………… 180
　　6.2　视频通信技术与虚拟空间……………………………… 196
　　6.3　人工智能与机器人……………………………………… 201

参考文献………………………………………………………… 211

一 日本信息技术发展历程与应用

1.1 日本信息技术的发展背景

日本一般将信息通信技术（ICT：Information and Communications Technology）作为信息通信相关技术的代名词，日本总务省每年都发布《信息通信白皮书》，从2015年度白皮书中显示（表1），日本的ICT产业主要涵盖通信、广播、信息服务、互联网附属服务、影视音像文字信息制作、信息通信相关制造、信息通信相关服务、信息通信相关建设、研究等九大领域，这些领域涵盖广泛，深入到日本各行各业，包括从传统的电信电话类到新兴的影视动画、数据处理、信息处理等诸多内容，甚至由此改变了日本社会结构，使得日本在信息通信技术方面走在世界前列。若以表1所涉及领域为标准，日本的信息通信技术可从1869年东京与横滨之间开通的公众电报开始算起，20世纪初基本完成国家主导的通信网络，"二战"后的1950年至1970年之间，日本普及了有线电话和广播电视，并完成了国家级的有线信息化，到1985年日本电信电话公司（NTT）民营化又将通信事业推进到一个新的发展阶段，由此诞生了由民间资本主导的信息通信产业，正式将研发和应用的主导权交给了市场，极大促进了信息技术的蓬勃发展，使日本一跃成为世界信息技术大国，同时也奠定了日本教育技术在国际学术界的重要地位。

表1　日本信息通信产业的范畴

信息通信产业的范围	
通信业	邮政·邮件（邮递行业）
	固定电气通信（固定电话、电信等）
	移动电气通信（移动通信等）
	电气通信附带服务
广播业	公共广播
	民间广播（民用电视台、民用电台、民用卫星广播）
	有线广播（有线电视、有线电台）
信息服务业	软件
	信息处理·提供服务
互联网附属服务业	互联网附属业务
影视·音像·文字信息制作业	影视信息制作·发布
	报刊
	出版
	新闻提供
信息通信相关制造业	通信线缆制造
	有线通信设备制造
	无线通信设备制造
	广播·电视接收设备、录像设备制造
	电气音响设备制造
	电子计算机及附属设备制造
	磁性录制设备制造
	办公用设备制造
	信息记录设备制造
信息通信相关服务业	信息通信设备租赁业（电脑、办公设备、通信设备等）
	广告业
	印刷·制版·装订业
	电影院、剧场等
信息通信相关建设业	电气通信设施建设
研究业	研究

现代无线通信基础的电磁波应用非常广泛，从卫星通信到地区广播，从手机通信到 Wi-Fi 无线网络，日本依据联合国国际电信联盟（ITU）宪章所规定的无线通信规则，由总务省来专门负责频段分类和业务应用范围，各频段主要用途如图1所示。按照电磁波传递的特性，图1中越向左侧波长越长，向障碍物后方迂回，可传递信息量小且技术应用简单，反之右侧则波长越短，直向传递特性越强，信息量大，同时

技术应用难度大。

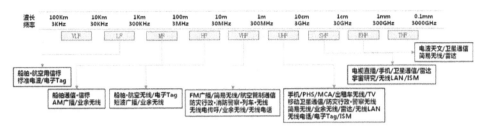

图 1　电磁波划分

（1）甚长波 VLF（Very Low Frequency、甚低频）波长为 10～100 千米，可沿地表传播，也可在水中传播，用于海底探查；

（2）长波 LF（Low Frequency、低频）波长为 1～10 千米，传递距离远，除电台 AM 广播等外，日本也用于电波钟表等；

（3）中波 MF（(Medium Frequency、中频）波长为 100～1 000 米，可在约 100 千米上空电离层反射传播，多用于电台广播；

（4）短波 HF（High Frequency、高频）波长为 10～100 米，可在 200～400 米电离层反射，并与地表见重复反射传递，广泛用于远洋船舶通信、国际航班通信、国际广播等；

（5）米波 VHF（Very High Frequency、甚高频）波长为 1～10 米，难以在电离层反射，多用于防灾或消防等无线移动通信；

（6）分米波 UHF（Ultra High Frequency、特高频）波长为 10～100 厘米，多用于手机等移动通信系统、数字电视、机场监控雷达、微波炉等；

（7）厘米波 SHF（Super High Frequency、超高频）波长为 1～10 厘米，适用于向特定方向发射，主要用于固定的广播、卫星通信、无线 LAN 等；

（8）毫米波 EHF（Extra High Frequency、极高频）波长为 1～10 毫米，信息承载能力强，但易受天气影响，传递距离短，多用于短距离无线通信、汽车测速雷达、电磁波望远镜等；

（9）丝米波 THF（Tremendously High Frequency、至高频）波长

为 0.1～1 毫米，接近光特性，以目前技术需要大型无线设备，且遇水蒸气易被吸收，几乎不用于通信，例如用于电磁波望远镜等天文观测。

日本在无线通信方面管理非常严格，但无线电应用持续增加，含电台、手机基站等至 2014 年已有 1.7 亿多个。

综合上述通信产业和移动通信领域，可将日本近现代信息通信发展的历程划分为三个阶段，即邮政·电话时代（1985—1994）、互联网·手机时代（1994—2005 年）、宽带·智能手机时代（2005 年至今），下文则依次展开具体探讨。

1.2 邮政·电话时代（1985 年至 1994 年）

世界上最初与信息技术相关的行业就是通信业，日本也不例外。1869 年，即日本明治维新后的第二年，东京与横滨之间第一条由政府架设的电信线路开始提供公众电报业务。其后，1890 年日本开始了正式的电话交换业务，此时离美国电话发明还不到 14 年。直至 1984 年，日本通信行业基本上属于国有垄断性质。

1973 年世界各国受到石油危机的冲击，经济持续低迷，财政恶化。在此背景下，英美等国纷纷进行改革，首当其冲的就是各类垄断行业，信息通信业也在其中。紧随英美电信业反托拉斯案的判决和民营化脚步，日本于 1984 年《电信通信事业法案》《日本电信电话株式会社法案》等通信改革三法案通过日本国会决议，1985 年以日本电信电话公司民营化为标志正式实施。该法案的目的在于民营化市场运作，消除官本位国有垄断，提供低廉信息通信服务，鼓励技术研发，刺激经济发展。此后，日本信息通信产业涌现了一大批电信服务、卫星通信服务、移动服务和互联网服务等各类通信运营商和周边产业。同时，日本的电话通话费由 1985 年的每 3 分钟 400 日元降低至 2002 年的 80 日元，极大促进了信息通信设备的普及，也使得日本进入信息通信社会阶段。

一　日本信息技术发展历程与应用

民营化改革后，日本计算机逐渐开始普及，到1996年前后计算机通信进入全盛阶段，计算机通信使用人数由1991年115万人上升到1996年573万人。随之出现了互联网运营商以及相关周边服务行业，例如网络服务代理、服务器代理、办公设备租赁等各类新兴产业。而在移动通信领域，自1979年推出汽车电话服务开始，到1985年通信自由化后不到五年时间内，日本陆续出现了数家移动电话服务商。以1989年日本关西地区蜂窝电话系统服务开始为标志，日本掀起了移动电话的热潮。值得一提的是，时任NTT研究所移动无线研究室室长的奥村善久发明了蜂窝式无线通信技术（Cellular Communication system），奠定现代移动通信技术的基础，他本人也因此成为获得美国德拉普尔奖(Charles Stark Draper Prize)的日本第一人，该奖项是美国工程学界最高奖项之一，被认为是工程学界的诺贝尔奖。该技术从原先的模拟电话1G一直沿用至今，3G、4G技术仍然离不开该技术，是现代移动信息技术最为伟大的发明之一。这也说明日本在信息技术领域的世界领先地位，此后日本有关信息通信技术的研发案例和专利数量爆炸性增加，让日本一跃成为通信技术强国。

1995年，随着互联网的数字化，数字方式的移动电话签约数量超过了模拟方式。而在1993年以前，日本移动电话都是采用租赁式提供给使用者，但随着通信技术的发展，移动电话逐渐小型化，服务费用大幅度降低，1994年开始移动电话终端开始了机器销售制，此后真正意义上的"手机"进入千家万户，使得日本手机用户飞速增长。1968年电信电话公社推出无线寻呼服务后，1995年该服务签约数超过1 000万，随后1993年PHS（Personal Handy-phone System）开始试运营，1996年数十家电话通信公司开始提供同类服务，再加上移动电话通信服务费的降低，导致无线寻呼业务昙花一现。

1988年NTT将数据通信业务剥离出来，成立了NTT数据通信株式会社，成为日本网络规模最大的数据通信服务商，同年，ISDN（Integrated Services Digital Network）开始运营，1994年开始提供FR (Frame Relay)服务，网络速度得以迅速提高，使得64KB数据通信成为现实。ISDN至今还有数百万签约用户，预计要到2020年才会陆续停止服务，而FR主要为企业提供网络服务，

2013年主流服务商已停止提供该服务。

传真服务的签约用户则从1984年的1.8万激增到1994年的67.8万，成为新的电信通信事业增长点。而卫星通信服务，从1983年发射的通信卫星2号提供服务开始，1989年日本通信卫星株式会社发射了第一颗民用通信卫星JCSAT-1，宇宙通信株式会社发射了SuperBird A，当时主要用于向广播公司提供节目信号和企业内部通信，并未进入个人普及阶段。

1994年日本邮政省提出网络规划方案，要求在2010年前实现光纤网络的普及。根据该方案，日本政府向企业提供光纤网络基础建设特别融资，大大降低企业负担，使得日本开始了新一轮的宽带网络提速。

从技术发展角度来说，日本信息通信技术在19世纪时发展晚于欧美，以国家为主导建立了官方专用的通信网络，其后一直作为国家战略物资严格管制，属于绝对官方垄断，这段时间内由于信息通信技术并未形成开放状态，对教育影响非常微弱。而进入20世纪后，日本政府大量采购欧美技术设备，并以国家主导开始技术攻关、仿制和自主研发，在第一次世界大战和第二次世界大战中，通信技术基本上逐渐追赶上了欧美。"二战"后，由于美国的占领，日本的民主改革从国家垄断产业开始，通信产业得到了一定程度的开放，技术全面追赶欧美，1979年日本率先建立了全球第一个蜂窝移动电话网。到20世纪80年代时，受到经济危机的冲击，日本开始反思通信产业的局限性，与美国、英国等发达国家几乎同时将国有企业进行大规模改革，制定了相关反垄断法律法规，拆分业务，鼓励自由市场资本进入，使得大规模制造得以实现，通信成本大幅度降低，固定通话业务开始全面普及。而中国的邮政和电信分家，是在这十多年后的1998年，这说明在信息通信领域，中国的普及起步要比日本晚十多年，1972年中日恢复邦交后，在信息通信技术方面中国引进了不少日本技术和设备，这方面中国的发展轨迹与日本有着许多相似之处。

由于信息通信技术的发展，日本教育出现了诸多利用通信技术开展教育的新教学模式，如通信大学（类似中国广播电视大学）、夜校、补习学校等等，由学校购买昂贵通信设备设置固定专用教室进行收听课程的模式，逐渐

一 日本信息技术发展历程与应用

转变为学习者在家自购通信设备进行学习的模式。信息通信技术在教育界的应用为日本教育技术学的诞生和发展创造了良好的环境，日本最大的教育技术学领域学术团体——日本教育工学会就在1984年诞生，正好与日本通信改革三法案出台同一年，也是日语等级能力考试（JLPT：Japanese Language Proficiency Test）开始实施的第一年。日本外语教育开始大量采用信息技术手段辅助教学，日本开始配合经济发展国际化趋势，在本国英语教育需要大规模培养人才的同时，大批日本企业开始在海外投资建厂，急需海外日语人才，这段时间也是日语教育国际化的标志性起点，这也说明信息技术、教育技术和外语教育在某种程度上具有非常惊人的相关性。

随着多媒体教室、电视广播讲座、录像带、磁带等的出现，利用信息通信设备开展教育逐渐成为主流，使得日本高等教育和职业教育在短时间内形成完善的教育体系，这段时间内"全日制课程"、"定时制课程"和"通信制课程"逐渐发展成为高等教育的主要授课模式。"定时制课程"主要以固定学习场地和固定学习时间为主，多安排在夜晚或休假时间，所以也称为夜校，其中就产生了利用电视广播进行通信教学的授课模式，部分学校甚至建立了自己专用教育内部有线网络和专用教室，为学习者提供更高质量的教学服务。而"通信制课程"规定学习年限必须3年以上，平时以通信方式进行自主学习，辅以集中授课、教师回访等方式。影响力最大的就是NHK（日本放送协会，相当于中国中央电视台）高校讲座，原名"通信高校讲座"，1953年4月开始广播，1959年1月开始电视播出，该讲座以日本高中教材为主，可通过为期一年收听完成高中课程的学习。

与此同时，日本《学校教育法》也逐渐改革，1961年设立高等专门学校，以初中毕业生为主，实行5年制教学，主要以工学和技术类专业教育为主，其中通信设备制造是当时最受欢迎的专业之一。1962年仅12所高等专门学校，随后学校数量激增至数十所，尤其是1971年成立了专门培养信息通信技术人才的国立电波高等学校，报考人数与录取人数最大时相差千倍，而且在学生入学时就已有企业签约定向就业，通信技术变革产生的巨大社会影响由此可见一斑。

随着20世纪90年代后期互联网的兴起，以电视广播讲座为主的教育模式又逐渐转变为以计算机通信辅助手段为主，使得全日制高等教育也大量采用计算机教室进行教学，信息技术教育进入高等教育学科必修课范围。这段时间内，CAI、CMI、CSCL等计算机辅助教学相关的研究和实践也开始增多，尤其多见于外语教育领域。由于日本需要培养大规模信息通信人才，经济发展也急需培养外语能力，同时日企大规模走向国外，日语的推广也需要通过新的教学手段进行大规模推广，原先教师面对面授课的方式教学效果有限，采用各类信息通信技术可以更为直接地通过利用语音、视频等多媒体资源反复练习，外语教学就成为教育技术实践的前沿阵地，取得了非常多的研究和实践成果，也积累了许多优秀的教学资源，培养了第一代教育技术学者。

1.3 互联网和手机时代（1994年至2005年）

1984年JUNET（Japan University/Unix NETwork）开始运营，为东京大学、东京工业大学、庆应义塾大学之间提供科研网络，1992年日本AT＆T Jens公司作为第一个商业化互联网连接服务商开始运营，1993年互联网（Internet）连接服务开始全面商业化运作。由于在这之前日本主要是由各网络服务商提供基于内部网络的计算机通信服务，使用该服务的个人和公司已经在日本相当普遍，再加上面向普通个人用户的Windows95系统的发布，所以互联网连接服务以全面吸收计算机通信用户的形式，开始大规模增速。同时，Netscape Navigator、Internet Explorer等浏览器的普及，使得WEB这一概念逐渐被大众所接受，大量的企业和个人通过开设WEB网站，使得互联网联合计算机成为全球信息通信的主要载体，成功实现了信息传递的双向沟通，极大促进了信息传播，使得新闻传播学、教育心理学等学科得到了新的发展，信息传递方式也由新闻报刊、广播电视等传统媒体的单向通信、用户被动接收模式，转变为用户可主动发布信息进行自主选择的多向模式。信息传播的单向到双向，

一　日本信息技术发展历程与应用

再到具有个性化服务的多向交互，使得人类进入了全球化信息社会阶段。

1996年日本NTT公司开始提供连接互联网的OCN（Open Computer Network）服务，武藏野三鹰线缆电视公司开始提供电视线路互联网连接服务，其后多家公司均开始提供各类互联网连接服务。到1998年仅在互联网服务商业化开始后的第五年便获得10%的普及率，而达到该目标电脑花了13年，移动电话花了15年，传真花了19年，寻呼机花了24年，电话则足足花了76年。日本互联网服务以突飞猛进的势头一路高歌，2000年普及率轻松突破30%，2002年则突破80%。如图2所示，移动电话签约数量一直保持着高速增长态势，2000年超过固定电话，2010年则成为固定电话的两倍，2015年超过1.5亿，而同年日本人口仅为1.2亿，由此可见，日本几乎人手一台手机，进入了移动信息化社会时代。

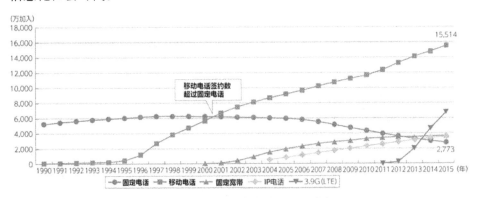

图2　日本通信服务签约数量

日本互联网服务主要有三类：①使用电话线路的电话拨号式（Dial-up）、ISDN、DSL（Digital Subscriber Line）；②使用有线广播线路的CATV（Cable Television）；③使用光纤的FTTH（Fiber To The Home）。

电话拨号式连接为窄带（Narrow band）模式，最初以计算机通信服务为主，各服务商通过电话线路或专用线路提供内部网络连接，有的连接数量达数百万规模。主要功能为文字数据通信，最具代表性的有Nifty公司于1987年开始运营的"Nifty-Serve"（该服务于2006年停运），提供文字数据通信、

FAX 传输、Voice Mail 等服务。此外还有 NEC 公司的"PC-VAN"（该服务于 2001 年停运）。随着互联网服务的兴起，电话拨号方式成为最为常见的低速网络连接方式，主要采用调制解调器（Modem，俗称"猫"）将电话线路的模拟信号与计算机所能理解的数字信号进行相互转换，由此计算机通信服务用户和各类服务商逐渐转移至互联网（Internet）连接上。1993 年互联网商业化运作开始，同年，可以显示图片信息的 WWW 浏览器"MOSAIC"发布，1994 年 Netscape Navigator 发布，1995 年 Windows95 和 Internet Explorer 发布，这些基于 web 的浏览器和万维网（www）的诞生使得免费利用成为可能，可以显示文字、图片等各类多媒体文件。1994 年 9 月，Bekkoame 率先提供面向个人的互联网连接服务，除提供电话拨号接续方式外，还提供建站服务，且价格低至年费仅 2 万日元，极大带动了电话拨号方式互联网接续服务的使用率。在这段时间，新词汇"PC"（Personal Computer）为普通大众所接受。尤其是在 1995 年日本阪神大地震时，在有线电话被切断无法进行通信时，互联网连接不仅成为当时救命的主要通信手段，也成为人们收发信息，能在第一时间近距离了解和发布社会重大事件的主要平台。

由于电话拨号方式速度较低，日本开始采用电话线路、广播电视线路、光纤等宽带（Broad band）模式，例如 ADSL 为 1.5Mbps，ISDN 的 PRI（Primary Rate Interface）为 1.544Mbps（T1）、2.048Mbps（E1），BRI（Basic Rate Interface）为 128kbps，随后逐渐提速，速率最大可达数百兆。其中，ISDN 主要采用高速数字化线路，如 1988 年 NTT 公司提供"INS net 64"和"INS net 1500"，1995 年开始低价运营的"MN128"，同年 NTT 提供的分段付费包流量服务"TEREHODAI"，1996 年 NTT 的 OCN 上线，使得费用逐渐降低。由此，ISDN 突破了传统电话拨号方式上网无法同时打电话的局限，使得高速上网和语音通话可同时进行，2005 年签约数量达 734 万。与此同时，高速网络使视频、动画、音频等各类多媒体文件网络共享成为现实，如 flash 等新的媒体格式得到快速普及。

DSL 模式有 ADSL (Asymmetric DSL)、CDSL (Consumer DSL)、VDSL (Very

一 日本信息技术发展历程与应用

high-bit-rate DSL)、Reach DSL、HDSL (High-bit-rate DSL)、SDSL (Symmetric DSL) 各类模式，速率从 128kbps 到 100Mbps 不等，主要采用数字化公众电话线路作为传输介质，提供语音、视频与数据多路传送等服务，在提高连接速度的同时，大大降低了费用。1999 年 JANIS net 开始在日本长野市实验性提供商用 ADSL 服务。同年，基于 NTT 电话网络的 SoftbankBB 公司提供的商用 ADSL 服务在东京开始运营，2001 年 NTT "Flets ADSL" 和 "Yahoo!BB" 等开始运营。

由于 ADSL 存在设置复杂、信号容易受到干扰、速率不稳定等弊病，日本开始大规模采用 FTTH 或 FTTx，即铺设专用光纤形式，实现了稳定且超高速网络连接，相对 ADSL 平均约 24Mbps 的速率，FTTH 能提供约 5 倍，最高速度为 100Mbps 的稳定网速。由此网络再次大提速，除互联网连接服务外，还可使用 IP 电话、电视电话等相关服务，更多类型的文件也实现了网络高速实时共享。2003 年 3D 虚拟世界 Second Life 诞生，2004 年日本第一个 SNS 网站 "mixi" 开始运营，2005 年视频共享网站 YouTube 出现，2006 年日本最大视频共享网站 niconico 动画上线，由此，以用户分享和信息开放为主导的 "Web2.0" 概念随之诞生。

日本在《平成 13 年版信息通信白皮书》中宣告 2000 年为 "宽带元年"，2001 年制定了 "e-Japan 战略"，设定至少高速网络连接达户数到 3 000 万户，超高速网络连接户数达到 1 000 万户。而实际上 2004 年 DSL 签约户数已达 3 800 万户，CATV 签约户数为 2 300 万户，超高速互联网连接的 FTTH 则达到 1 806 万户，使得 "e-Japan 战略" 目标顺利超额达成，日本已然进入了高速网络时代。

在移动通信方面，1999 年日本 NTT Docomo 公司提供 "i mode" 手机上网服务，随后其他的移动通信服务商也开始提供如 "EZ Web" "J-sky" 等类似服务，手机上网服务签约数量仅在其后三年突破 5 000 万，2002 年底日本 80% 手机用户都使用了互联网连接服务，2005 年底手机上网用户数量超过电脑上网，移动终端上网已成为互联网连接服务主流。

日本 1995 年开始服务的 PHS（俗称"小灵通"）采用 1 884.65 至 1 919.75MHz 频段，网络数据通信速率约为 32kbps 至 64kbps，由于价格低廉，用户则在一年后猛涨四倍，1997 年为 710 万，达到顶峰。但随着手机的费率降低，3G 手机数据传输速度超过 PHS，1997 年后用户逐渐减少，2000 年以后一直在 400 万至 500 万左右规模徘徊。到 2015 年，大部分服务商被迫停运、解散、兼并，最后只有 softbank 等少数几家服务商仍然还在坚持运营。PHS 虽然有着通信距离短、网络通信速率低、信号不稳定等短处，但是有着定位精确度高、基站成本低、频段可重复利用、耗电量低、无线通信牌照容易审批等优势，在日本作为新的应用服务，还被用于定位系统、远程监视系统、短距无线通信系统等，尤其是在中国、泰国、越南等地，这一由日本发明的无线通信技术曾经广受欢迎。

通过第一阶段信息通信技术的发展和应用，日本政府充分认识到了信息通信技术对社会产生的重大影响，甚至认为是"科技立国"之本，于是在 1994 年 8 月正式成立"高度信息通信社会推进总部"，以首相为总部长，以内阁官房长官、邮政大臣、通商产业大臣为副部长，其他所有内阁成员为总部成员，一举将信息通信产业定位为国家优先发展产业。如图 3 所示，2000 年 7 月该组织改组为"信息通信技术战略总部"，并设立 IT 战略会议，决定了"IT 基本战略"，并通过了《高度信息通信网络社会形成基本法》（简称 IT 基本法）。2001 年设立"高度信息通信网络社会推进战略总部"（简称 IT 战略总部），制定"e-Japan 战略"，重点扶持超高速网络基础设施建设和竞争政策、电子商务交易、电子政务、信息技术人才培养等方面。随后，又进一步制定"e-Japan 战略重点计划"，明确规定要建设世界最高水平的信息通信网络，推进相关行业教育及人才培养，促进电子商务、行政信息化、公共领域信息技术的应用，确保信息通信网络的安全。该战略重点计划每年都会重新审议后根据实际情况删改，成为日本信息通信技术政策的风向标，对教育、人才、科研、国际政策、信息安全、电子商务、行政和医疗服务等各行业产生重大影响，标志着日本以举国之力在努力实现日本全体国民信息技术能力的培养和信息化社会深化改革，也成为日本在教育、科研、经济等领域的不可缺少的指导性纲领。

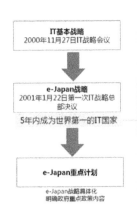

图3 日本IT国家战略框架示意图

2004年7月，为进一步推动信息化社会的发展，作为内阁主导的"e-Japan战略"的后续战略，日本总务省制定了为实现泛在化社会的"u-Japan"政策，含义就是Ubiquitous（连接所有人与物），外加Universal（老人均可简单使用）、User-Centered（融汇使用者视角）、Unique（激发富有个性的活力）三大要素，以泛在性网络建设、ICT利用高度化、ICT利用环境建设为主要内容，在2010年前实现随时、随地、任何事、任何人均可自由连接互联网，充分享受信息自由化的泛在性信息网络，使日本成为世界一流的信息化社会。在这个政策中，首次加入Communication这个词汇，制定了ICT（信息通信技术）国家性政策。自此日本由IT概念转换为ICT概念，开始强调人与人、人与物、物与物之间的信息传播和交流，进一步深化了信息技术的领域，使之成为社会结构的一部分。

在这个阶段的十余年中，日本的信息技术基本上走在世界前列，首先在移动通信领域，日本发明的蜂窝技术奠定了现代移动通信的基础，也是世界上最快从模拟信号转化为数字信号的发达国家之一，从1G到3G，日本仅仅使用了不到十年时间，在通信制式、硬件制造、系统建设等方面制定了一系列日本专用和国际通用的标准，由此造成了巨大的社会经济效应，使得日本获得了又一次经济腾飞，并改变原有重工业为主的国家战略方向，国家政策、法律法规、资本等逐渐向信息产业倾斜。此外，信息技术的特点由原先的固定线路通信转向以移动通信为主，而移动通信则以互联网连接为核心，由原先的IT概念变为ICT概念，增加了通信和传播的含义。由于日本是亚洲第一个率先使用互联网通信的国家，从刚开始的大学教育科研用网络逐渐开始向商业化扩展，使得原有的计算机通信网络，也就是传统意义上的内部网络更加封闭，除了少数大型企业或特定行业继续需要内部通信网络外，其他网络纷纷转向互联网，日本则在这段时间成为亚洲网速最快的国家，且互联网国际出口带宽最大，抢占了大量IPv4地址资源，这也为后来其他国家进行互联网连接设置了一定的障碍。互联网产生的周边市场迅速扩张，web浏览器、电子邮件、电子信息资源、网络广告、搜索等各类服务出现，同时快速淘汰将过时的信息通信技术，比如寻呼机和PHS业务，也使得产业界资源集中至互联网，网络专业人才变得最受社会欢迎。

值得一提的是，个人计算机和大型计算机在这段时间突飞猛进，个人计算机（PC）得到普及，各类OS（Operating System）逐渐开始商业化，Windows系统、iOS系统等的出现，使得人机交互概念开始深入人心，GUI（Graphical User Interface）和大规模集成电路技术也在这段时间趋于成熟，随之带来计算机图形学、计算机教育、计算机网络工程、网络安全等各类新专业和交叉学科不断出现，再一次改变了人们对传统文理工农医科的分类思维，使得各个学科都开始逐渐应用计算机和网络进行思维表达和信息处理。再就是，大规模社交媒体的雏形开始形成，传统的报纸、广播电视等单向通信手段已经逐渐被取代，新的多向信息渠道的媒介手段和科学技术观念也使得社会开始反思，促进了文学、哲学、教育学等人文社会科学的发展。移动媒介的普及和网络带宽的提速使得人类社会进入新的思想变革阶段，地球村概念开始形成，信息的自由化和个人隐私的安全性之间的博弈愈演愈烈，新的法律法规和行业标准也随之出现。

一　日本信息技术发展历程与应用

在教育上，由于互联网的普及，对上一阶段出现的"通信制课程"产生了巨大冲击，由于人类生活条件提高、信息量变大，日本基本上实现了高等教育普及化，使得通信教育模式和电视广播讲座逐渐丢失了市场，网络课程开始取而代之，同时信息教育开始从高等教育向初中等教育延伸，日本政府开始讨论如何制定义务制教育阶段的信息技术科目的内容和学习标准，社会大众开始逐渐认识到数字化信息时代新的伦理道德标准和新的生存能力培养的重要性。教育技术专业已经从传统的教育学中分离出来，成为一门独立的学科，同时具备教育学、信息学、传播学、计算机科学等多个学科融合的特征，从原有的纯技术辅助教学的狭窄领域扩展到教学方法研究、教学设备研究、学习效果研究、教学系统研究、教科研究、教师培训研究、新媒体特征研究等多个领域，这段时期成为教育技术学变革的最为重要的时期，重要的研究方法、理论框架、教材内容等都在这段时间内得以确定基调。

1998 年日本文部省多次讨论提议应专门设置"信息"科目，1999 年正式发布了高中阶段的新版学习指导要领，提到相关教材和学科标准制定的具体细节，确定"信息产业和社会"及"课题研究"为学习科目，2004 年《高等学校设置基准》中正式将"信息"作为专门教育的主干学科，设立信息科或综合信息科。同时，日本各大高校开始逐渐开设教育技术专业，或在教育学科、社会学科开设相关信息技术课程。1996 年日本中央教育审议会提出有必要进行信息社会的相关教育改革，提出要将"信息相关科目"作为必修科目单独设定。次年制定了实施有体系化的信息教育的方针，要求将培养信息应用实践能力、信息的科学性理解能力、信息社会参与的态度等三个内容作为信息教育的重要目标。教师资格证也在 1994 年高中部分加入"信息技术""信息处理内容"，2000 年又追加"信息"内容，强制要求高中教师具备信息技术应用能力和指导能力。

2001 年日本第三代移动通信系统（即 3G）开始运行，并在短短 5 年时间占据了移动通信用户半壁江山，使得 2G 用户迅速转向 3G，接下来日本就进入信息通信的第三个阶段——宽带及智能手机时代。

1.4 宽带和智能手机时代（2005年至今）

从2000年起，日本开始大规模铺设光纤网络，超高速互联网连接逐渐得到普及，极大冲击了原有的网络市场，2006年DSL签约数量开始递减，而FTTH签署数量增加61.3%，达到880万，到2008年FTTH用户数彻底超过DSL，2013年则高达2 500万。根据德国Statista公司2013年统计数据表明日本网速当年世界排名第二，以NTT公司提供的"flets光纤"网络服务为例，该服务能提供100Mbps到1Gbps的高速带宽。电话签约数量最大规模也就只有6 000万，到2013年，半数以上的用户由电话拨号的窄带网络连接转向以FTTH、DSL、CATV等为代表的宽带网络连接，其中过半数都使用的是FTTH超高速网络。

日本超高速宽带以FTTH和LTE为代表，包括CATV、FWA、BWA等下行速度30Mbps以上的宽带网络。根据该定义，2014年日本总务省发布了《宽带基础设施建设情况》，宣告日本完成超高速网络基础设施可覆盖日本99.9%的国民，2015年由OECD发布的《Digital Economy Outlook》显示日本平均1Mbps宽带费用为OECD加盟国中最低，仅为0.02美元。由此日本进一步进入了超高速网络时代，使得更多创新服务成为现实，如高清电视、3D电视、互联网游戏、在线机器人、开放教育、云服务等等新技术和新应用层出不穷。由于超高速宽带的普及，又进一步推动了日本ICT社会的变革，尤其是电子商务、电子政务、企业信息管理等方面大量采用基于网络的各类信息系统，其中以云服务最为突出，云服务最初以SaaS（Software as a Service）提供软件应用为主，随后又增加了提供平台系统化应用的PaaS（Platform as a Service）和高性能硬件服务的IaaS（Infrastructure as a Service）。

随着主干网络的高速化，手机移动网络在完成数字化后，从2G迅速进入3G，随后3.9G（LTE）也开始运营，其中3G传输速率为14Mbps，而LTE则为

一　日本信息技术发展历程与应用

75Mbps至112.5Mbps，2005年底3G使用人数超过手机用户半数以上，2013年手机签约用户数突破1.4亿，其中智能手机签约数超过5 000万，其中3.9G签约数量比例占绝对多数，到2014年则达到6 778万，意味着日本3.9G从2011年提供服务开始，到成为移动通信的绝对主流，仅花了3年时间。

2007年以Apple公司的iPhone为代表的智能手机登场，使得计算机与手机逐渐趋于融合，各类智能手机应用软件（Application）层出不穷，通过移动终端和高速网络的结合，使得移动办公、电子教材、SNS、交互游戏、电子商务等进一步变革。2015年64%的日本国民均有智能手机，尤其是20～30岁的年轻人，九成以上均拥有智能手机，虽然日本逐步进入老龄化社会，但是60岁以上人口居然都有四成左右拥有智能手机，这充分说明智能手机和高速网络已充分渗透到日本普通国民日常生活中，信息技术应用能力已经成为国家义务制教育指定能力之一。信息技术的发展促使由以往的人际通信（H2H：Human to Human）和人机通信（H2M：Human to Machine、M2H：Mcheine to Human），深化到机器间相互通信（M2M：Machine to Machine），由此诞生了物联网概念，IoT（Internet of Things）也成为现实，使得"万物皆可通信"，人类、计算机、手机、触摸终端、各类机械、交通工具、家居等均可联网，大规模数据收集、存储，分析的数据挖掘技术、可视化技术等逐渐兴起，极大地推动了日本社会的变革，开始进入IoT时代。

作为"e-Japan"和"u-JAPAN"的后续政策，2006年日本提出了"IT新改革战略"和"重点计划-2006"，紧接着后续每年都会根据实际情况制定相关政策，例如，2008年"重点计划-2008""IT区域活性化等紧急项目""在线利用扩大行动计划"；2009年"面向数字新时代的新战略——三年紧急计划""i-Japan战略2015"；2010年"新信息通信技术战略"；2013年"世界最先进IT国家创造宣言及工程表""ICT成长战略"；2014年"Smart Japan ICT战略"。值得一提的是，"Smart Japan ICT战略"以实现世界第一创新国家为任务，要求在2020年前实现"知识信息立国"，以国际视野解决ICT课题。这些一系列政策的发布使得日本从上至下，产官学联合对信息通信技术进行了高速整合与创新，尤其是 2008 年世界金融危机和 2011 年东日本大地震，日本紧急提出一连串的信息技术产业相关国家策略，在 ICT 基础设施建设、人才培养、经济创新、国际化竞争能力强化等方面继续深化，力图保持经济发展态势的同时，使日本在信息技术方面保持世界一流的地位。

这段时间最明显的特点是提到了 IoT 概念，虽然大部分日本政府官方报告仍然采用 ICT 概念，但 M2M、IoT 等新概念的出现，再加上 IPv6 开始应用，使得人际交流和人机交流发展为世界万物互相交流，进一步带动了社会变革，从深层次上重新定义了信息社会的概念，即泛在社会，信息无处不在。由于新信息技术的出现改变了其他行业，如互联网金融改变了传统的金融概念，出现了虚拟货币和电子支付，无人驾驶系统和道路监控系统改变了传统交通出行概念，各类机器人逐渐走入人们的生活，大规模数据分析和云服务使得原有的 PC 硬件和软件成了鸡肋，穿戴技术和生体监控技术改变了人们生活模式，虚拟技术和高清视频技术使得距离越来越短，现实与虚幻之间的差异变得模糊，超高速宽带和第四代移动通信技术的普及使得更大规模的信息交流和共享成为可能，信息爆炸时代也要求人类进行反思和变革。同时，学校教育已经成为社会整体教育的一部分，任何阶段的教育都应该以服务整个社会为最终目标，而非传统的为了教育而灌输书本知识的狭义范畴，这一转变引发了传播学和教育学的深刻变革，开放教育、社会教育、终身学习等概念开始深入人心。在教育界最明显的变化就是开放教育资源理念的产生，信息的共享是互联网的基本特征之一，而原有的教育，尤其是高等教育的封闭环境，造成教学和社会脱节，开始反思教育为何不能及时满足社会需求。虽然教学方法一直在不断研究探讨，但仍然采用传统课堂教学模式，教材内容落后于社会需求，科学知识很难向外界普及，因此，日本追随美国 OCW（Open Course Ware）和 MOOC（Massive Open Online Course）的脚步，开始逐渐将大学教育社会化。同时，教育资源的开放，促进了新的教学模式的产生，再一次推动了教育学和教育技术学等学科的发展。

1.5 今后趋势与动向

2014年日本信息通信产业市场规模约为84兆日元,占整个产业总量的一成左右,成为日本所有产业中比重最大的产业,而从业人员仅占整个产业的7%左右,为412万人,相关科研经费约占整体的三成,由此带来的产业附加价值和周边行业雇佣人员均为所有产业中最大规模。这说明日本已经从原有实体制造业大国转变为IT大国,新的信息产业链已趋于成熟,科研与经济效益进行了比较良性的循环,基本上达成了IT国家战略计划目标。

据总务省《通信利用动向调查》的统计,2015年末手机普及率为95.8%,其中七成为智能手机,而PC普及率为76.8%,反而比上一年度有所降低;互联网用户数则达到1亿46万人,占日本总人口83%;超高速宽带使用过半数,第四代移动通信技术3.9G(LTE)用户数接近9 000万,占整体的三分之一;利用手机、触摸设备等移动终端上网的用户持续增加。这预示着移动终端的普及已经在逐渐压缩原有家用计算机的市场,今后将倾向于小型化、便携的个人设备。由于IPv4地址的枯竭,日本从2011年开始推广IPv6,到2014年底,ISP(Internet Service Provider)中八成以上均使用了IPv6提供互联网连接服务,预计今后随着物联网的普及,移动通信也将大规模采用IPv6,由此加速进入IoT时代。2015年日本电子政务已经全面铺开,约半数行政手续均可在线完成,与此同时,企业近半数都在使用云服务,尤其是金融保险业,多采用基于云服务的办公自动化系统、电子邮件、数据存储以及高性能服务器租赁。

虽然日本在信息通信领域有着诸多成就,但通过2013年调查日美企业IT预算用途的差异可见(图4),日本偏重于保守投资,尤其是注重守护型实际应用,比如提高业务效率,削减成本,而美国则偏重于创新,尤其是对新产品和新技术的开发方面,远远走在日本前面。对此,为提高日本信息通信技术在高新、前沿领域的国际竞争能力,日本制定了一系列政策。

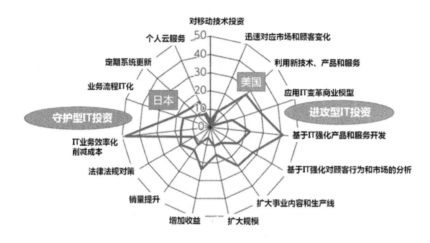

图 4　日美企业 IT 预算用途差异

在日本成功申办 2020 年东京奥运会后，2015 年发布《面向 2020 年社会全体 ICT 化活动计划（第 1 版）》，如图 5 所示，其中提出要求完善免费公众无线 LAN 环境，构建多语言语音翻译系统，强化数字信息内容国际推广力度，提高 4K 和 8K 等高清数字媒介，实现第 5 代移动通信系统，推动开放数据（Open Data）和加强信息安全等内容。同年，产官学联合成立"IoT 推进协会"，专门研讨物联网相关的各类问题，并进行实践研究和商业化运作。次年 2 月，日本总务省宣布为进一步推进免费公共无线 LAN 服务，要求制定统一技术标准，全国范围内开始普及，大规模建设各类免费公共无线 LAN 环境，除注重国民日常使用外，还注重旅游、教育、防灾等各类实践应用。此外，作为日本信息技术创新的最前沿领域，在 AI（人工智能）、机器人、无人驾驶、可穿戴设备、智能家居、金融科技（FinTech）、数字电视、大数据（Big Data）、开放数据（Open Data）、智慧城市、量子通信、新时代通信网络（JGN-X）等方面均有不同程度的研发或应用，并获得国家政策倾斜，大部分都属于今后重点扶持项目。尤其是在智慧城市方面，综合 AI、无人驾驶、云服务、电子支付、高清户外显示屏（Digital Signage）等各类技术的普及和应用，力争在 2020 年奥运会前将东京建设为世界顶级智慧城市标杆，并向全日本各地区

一　日本信息技术发展历程与应用

逐渐推广，彻底实现IoT时代的国家规划。

图5　面向2020年社会全体ICT化活动计划

综合来说，日本经历电话、互联网和手机、宽带和智能手机等三大阶段的发展，如图6所示，在1970年前后还是邮政、固话等领域，到1990年前后已经发展为以互联网、计算机通信、移动通信为主，再到2010年前后，除传统信息通信市场外，还发展出诸如云服务、大数据、IoT等各类新技术复合交叉发展，这说明日本从有线通信为主的传统单一性产业形态转变为以无线通信及高新技术为主多元化创新形态。尤其是在2000年后，日本在超高速宽带网络、4G移动通信网络、物联网等前沿领域一直致力于保持着世界领先的优势，今后日本为继续保持这一优势，在国家政策上已将信息技术产业作为国家最优先的重点扶持产业，尤其是加大科研和教育方面的投入力度，注重培养产业和技术创新能力，持续强化信息社会建设趋势。

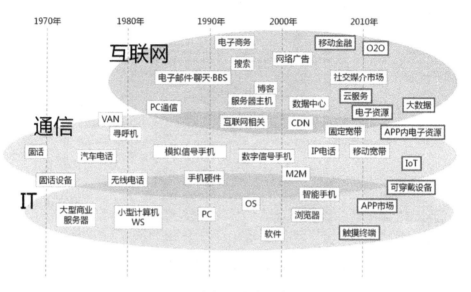

图 6　信息通信产业变迁

按照日本总务省的预测，今后 20 年在信息通信技术将会取得重大突破，2016 年 RFID 等电子标签价格将大幅下跌，逐渐全面覆盖日常生活用品等，实现 IC 标签线路印刷量产商业化，同时传感器检测手推车步行辅助器上市，导盲机器人和看护机器人商业化；2017 年单根光纤实现通信速度每秒 10Tbps，汽车轮胎检测传感器系统商业化，人体和室内传感器运动检测技术实用化，无人驾驶汽车开始量产，制定国际标准，日本开始销售高速公路自动驾驶汽车；2018 年世界 IP 流量年度达到 1.6ZB（1 000EB），移动终端通信量增 10 倍达每月 15 900peta，出现面向个人的人机交互型机器人、用于基础设施自动检测的机器人；2019 年各地区开始运行基于影像识别的居民生活辅助系统，能帮助儿童老人等提供方位测定、信息推送等服务；2020 年可变形的 AI 小型电动汽车上市，实现城区道路全自动驾驶，约 300 家公司实现 100 种机器人实用化，并开始 5G 通信网络，速度达 4G 的 1 000 倍，数据传输速度达 4G 的 10 至 100 倍，全世界数据约三成采用云计算，同时面向家庭的 10Gbps 光通信系统运营；到 2022 年，实现 1Tbps 超大容量通信技术；

2023年实现泛在型生理信息监控技术,随时管理和监控身体健康和环境状况,研发出辅助运动的Actuator人体工学技术,新一代安全无线通信技术开始推广;2024年普及各类辅助生活的传感器,构筑泛在化信息空间,实现味觉分析机器人;2025年,智能住宅登场,实现与建筑对话,智能建筑业兴起,日本互联网流量达到每秒100TB,网络占ICT电力消费20%;2026年,家务机器人全面进入普通家庭,普及自动驾驶汽车,实现移动车辆之间通信系统实用化;2027年至2030年量子通信世界普及,并陆续实现各类机器人商业化,如灾害救援机器人、深海作业机器、高龄者辅助出行机器人、残障人士远程控制的拟态机器人;2040年前实现生命拟态信息网络,普及新一代全球网络。

尤其是AI技术,预测2020年前将实现在情感理解、行动预测、环境识别等方面的多种感官信息处理能力,自主计划和判断能力大幅增强,比如能在日本高考中取得高分,达到可匹敌专业围棋选手的演算能力,实现自动驾驶、农业或物流管理自动化等。2025年可实现部分能力超越人类专业人士,如棋类能力、语言口译、海外EC等,2030年实现AI与人类自然对话,开展各行业辅助,如交通、教育、经济等大量使用AI进行信息处理和判断,最终实现人类与机器的自然交流。

二 日本国家项目中信息技术的应用与实践

2.1 日本产官学结合现状

"产官学"一词源于日本,依次指的是产业界、政府和学术界,日文中的"产官学连携"即产官学结合(the Combination of Industry, Official and University),意为利用三者优势进行互补,互相结合开展各类科研、商业、教育等活动,最终目的是为了推动社会的经济、科技、教育等方面的发展。日本从19世纪中期开始逐渐注意到科研与商业相结合的重要性,逐渐开始推动产学界合作,早在1942年第一例产学合作案例就是日本千叶工业大学与企业合作开展科研商业化项目。

"二战"后,欧美各国纷纷开始注重知识产权,推出了一系列法律来保护高等教育机构和研究所的科研成果,同时也产生了对科研成果商业化的需求。受到20世纪90年代以来的多次经济危机的冲击,各国政府更加重视科技对经济发展和社会稳定的重要性,日本更是将知识产权与产官学结合作为振兴经济的基本国策,连续出台一系列政策和法规,如1995年《科学技术基本法》、1998年《大学等技术转移促进法》、1999年《产业活力再生特别处置法》等,加大对科技研发和商业化的投入,使得获得政府资金的研发成果

二 日本国家项目中信息技术的应用与实践

能够实际应用于商业化运作中，促进经济的发展。而在教育界方面，2004年制定《国立大学法人法》，2006年制定新版《教育基本法》，以政策法规的形式明文规定了将研究成果回归社会是大学义务和使命，破除了原有的大学单一教育职责"铁饭碗格局"，将高等教育机构的社会职责进一步明确化。

综合来说，日本产官学结合是一个比较宽泛的概念，既包括产官学三者的结合，也包括产学或者官学等两者的结合，除了公司、政府、大学外，其实还包括科研机构、金融界、非营利性组织等各类机构的参与。根据文部科学省的统计，2009年共同研究项目（企业与大学等）为14 779项，经费合计约295亿日元，受托研究项目（企业委托大学等研发）为6 185项，经费合计约112亿日元，专利申请8 801项；对比2014年，共同研究项目为19 070项，经费合计约416亿日元，受托研究项目为6 953项，经费合计约111亿日元，专利申请9 157项。由此可见，共同研究项目和专利申请的数量和经费逐年攀升，受托研究则维持平稳发展态势。

由于产官学的出发点在于将科研成果商业化，所以高等教育机构作为承担整个国家科技研发的主要力量，都纷纷设置了产官学相关的部门，比如大阪大学产学连携本部（Office University·Industry Collaboration）、东京大学产学协创推进本部（Division of University Corporate Relations）、京都大学产官学连携本部（Office of Society-Academia Collaboration for Innovation）等机构，将原有分散的各部门、各专业横向联合起来，并与大学外部机构和政府建立良好的沟通机制，集中力量申报国家、企业及各类组织的横向与纵向科研项目，积极推动共同研究、委托研究、国际化研究等科研项目。进入21世纪后，基于日本产业革新、科技立国的理念，在连续推出"e-Japan""u-Japan""i-Japan"等政策的背景下，日本政府各部门连续开展了各类高科技相关项目，内容涵盖产业革新、技术研发、人才培养、基础设施建设、知识产权保护等诸多内容，从政策引导层面由上至下，鼓励官方资金和民间资本配合，注重科研教育界知识及技术的创新与应用，开展各类产业、教育、科研的具体项目，并通过科学论证树立榜样，推广具备可行性的参考模型，寻求技术创新与经

表 2 中总结了日本 2000 年后产官学合作开展的各类项目，主要是由负责基础设施建设的总务省和负责教育科学的文部科学省牵头，再加上经济产业省和其他机构作为官方政府代表，与教育机构（包括小初高、大学等）合作或者以教育机构为试点单位，采用政府投资、教育机构实践、企业提供技术等多种合作方式，在进行科学验证、教育实践的同时，实现经济利益的最大化，推动社会和科学的发展。如 2003 年至 2007 年的"基于 21 世纪型产官学连携手法构筑的样板项目"、2006 年至 2008 年"先端融合领域创新据点形成项目"均以大学科研为主体，促进研究成果商业化的孵化，加强科学技术的实际应用，深化产官学合作。在教育方面，初中等教育接连推出"先导性教育信息化推进项目""未来学校推进事业""学习革新事业"等，改善学校教学设施，加强信息技术应用实际能力，通过试点实证研究，在起到带头示范作用的同时能够为下一步国家战略方针的制定提供科学依据。而在高等教育方面也进行各类变革，以"大学知识财产总部整备事业""产学合作评价模型·据点模型实证事业""博士课程教育领导项目"等为代表的国家项目在大学教育制度改革、人才培养、技术转化等多方面开展实践研究。除在学校教育领域外，为活跃地区经济，改变各地区在人口、经济、政策等方面的差距，也要求当地政府与学校、企业合作，进行"ICT 应用下新城市建设事业""人口减少社会中基于 ICT 应用的教育质量维持提升实证事业"，通过应用信息技术从多方面实际解决当地问题。

表 2　日本部分国家项目概要

项目名称	负责机构	起止年份	项目内容
基于 21 世纪型产官学连携手法构筑的样板项目	文部科学省	2003—2007 年	产官学各类活动调查、知识产权研究、大学创业创新研究、大学信息化管理等
大学知识财产总部整备事业	文部科学省	2003—2007 年	完善和改革大学体制，建立知识财产相关的管理、创新、利用的高效机制，实现知识产出到利用的创新循环

二 日本国家项目中信息技术的应用与实践

续表

项目名称	负责机构	起止年份	项目内容
先端融合领域创新据点形成项目	文部科学省	2006—2008年	在先进高新技术融合领域以产官学合作形式建立创新科研据点,以实现新产业创新,促进社会经济长远发展
先导性教育信息化推进项目	文部科学省	2007—2009年	对ICT教育实施情况、ICT教学环境、教员ICT指导能力和校务信息化等方面,以公募方式进行有关教育信息化的各类实践调研项目
未来学校推进事业	总务省	2010—2013年	以部分中小学作为试点,构建ICT学习环境,开展教学实际应用研究
产学合作评价模型·据点模型实证事业	经济产业省	2011—2013年	进行企业和科研教育机构的合作研究,构筑PDCA再生循环模型,制定相关体制改革的具体计划,构建产学据点模型,促进可持续性创新发展
学习革新事业	文部科学省	2011—2013年	以部分中小学作为试点,验证ICT应用下教育效果和影响,开发教育指导方法和电子教材
博士课程教育领导项目	文部科学省	2011年至今	以培养高水平、跨学科的下一代领军人物博士人才为目的,集中优质教学和科研资源,在日本一流大学开展产官学联合的高等教育试点项目
ICT应用下新城市建设事业	总务省	2012—2014年	以利用ICT进行地区城市建设,提高抗灾能力,推动地区经济发展,建设智慧城市
先导性教育系统实证事业	总务省	2014年至今	构筑成本低、应用扩展性强的教育云平台,开展云服务、数据分析、教务系统研发等各类试点性实证研究
先导性教育体制构筑事业	文部科学省	2014年至今	以云服务等最先端信息技术构建先导性教育体制,无缝连接学校与学校以及学校与家庭,开展基于教育云平台的各类试点研究
人口减少社会中基于ICT应用的教育质量维持提升实证事业	文部科学省	2015年至今	以人口稀疏地区为主要对象,为保持和研究学校教育和社会教育的质量,利用ICT进行远程教育,建设社会教育设施,开展实证研究
基于大学的新产业创新项目	国立研究开发法人科学技术振兴机构	2016年至今	利用大学等高科技人才和科研条件,配合各类国家资源和民间资本,支持创新创业,构建事业战略和知识财产战略,重点扶持高成本、高风险、具有产业研发价值和前例的项目

除科研外，产官学还在环境保护、信息宣传、国际合作等方面有着各类不同程度的合作，例如"AQUA SOCIAL FES"项目，是由日本丰田公司发起，各地政府和教育机构联合组织的参与型活动项目，以学生为对象采用实地调查、小组活动等开展各类自然公益教育活动，以2014年和2015年活动为例，由丰田公司、大阪政府、大阪大学联合组织，参加者从小学生到退休人员共90多名，以箕面川垃圾调查、动植物调查等为主题进行野外调研活动，强调生态环保、重视水资源、注重实地调研教育等。

如第一章所述，日本在2005年进入宽带和智能手机时代，人手一台信息终端和全国普及的高速通信网络使得信息技术教育普及也势在必行。为突出信息技术在教育中的重要战略地位，2011年日本文部科学省发布《教育信息化概览》，要求义务制阶段教育必须培养信息技术使用能力，提高符合21世纪的生存能力和创造力，并在电子教科书、信息设备、网络环境、教务信息化、教师信息技术应用能力等方面提出了具体要求。2013年根据日本内阁颁布的"日本再兴战略——JAPAN is BACK"要求在2020年前完成人手一台信息终端设备的教学环境，推进电子教材的开发和教员指导能力，开展双向教育和国际化远程教育，同年颁布的"第2期教育振兴基本计划"，再次突出强调了ICT在教育中的重要性，从硬件设施到教育指导措施等各方面，要求开展具体有效的信息技术教育。

日本为实现信息时代下教育领域的深化改革，尤其是针对义务制教育阶段，积极开展了各类实践和研究活动。文部科学省每年均会进行一次《有关学校教育信息化现状等调查》，综合统计教育领域ICT的实际情况，根据2013年度报告，日本公立小初高、中专及特别支援学校的教育用电脑总数约为191万台，平均每台对应学生6.5人。由于日本各地区教育情况和财政预算都不尽相同，导致各地实际情况参差不齐，ICT普及率最高的是鹿儿岛县，每台对应4.4人，最低的是琦玉县和爱知县，每台对应8.2人，而东京排名倒数第三，大阪和京都也只是勉强超过平均值，人口密集度越大、经济越发达的地区反倒不如人口稀疏地区。而日本初中等教育的教员基本上属于国家公务

二 日本国家项目中信息技术的应用与实践

员，待遇却比学生要好，在教务用电脑普及率则高达108.1%，教员早已达到了人手一台目标。另外，校园网络普及率为84.4%，无线网普及率为23.3%，超高速（30Mbps以上）互联网连接普及率为75.4%，电子黑板总数为72 168台，实物投影仪为141 398台，电子教材普及率为32.5%，教育系统普及率为68.3%。

根据2013年日本全国学力学习状况调查显示，对于"到去年为止采用电脑等信息通信技术学生之间是否进行过协同学习或课题发现解决型的学习指导"一问，回答"做得很好"和"还行"的小学所占比例为46.7%，初中为45.2%。而根据经济合作与发展组织（OECD）的教师教学国际调查（TSLIS）结果显示，日本对于引发主体性学习的自信偏低，对学生开展ICT指导实践的教师比例属于所有被调查国中倒数第一。同时，OECD国际成人能力评估调查（PIAAC）显示日本在"使用IT解决问题的能力"方面属于20个被调查的国家和地区的中等水平，36.8%的被调查人员均未接受在线调查而采用纸质问卷进行回答。由此可见，日本教育信息化方面，尤其是利用ICT开展教学方面和实际应用方面，与其他国家相比仍然还有一定的差距，对于这种大规模教育硬件的投入，教员和学生的ICT应用能力却没有得到明显提升，如何更好地利用这些设备开展教育，日本仍然还处于摸索阶段。

2013年6月内阁决议通过了《第二期教育振兴基本计划》，计划要求在2017年增加信息设备，达到每台对应3.6人，到2020年则每台对应1人，彻底实现人手一台的终极目标。对比日本初中等教育学生人数，实现这一目标需要1 250万台电脑，约为2012年的6.5倍。同年内阁会议制定的《世界最先进IT国家宣言》明确要求全面普及教育现场的高速宽带网，实现人手一台配备标准，增加电子黑板、无线网络、电子教材等的数量和实际应用，从初级教育阶段就开始积极构建教育信息化环境，再次强调信息技术能力从娃娃抓起，并要求加强产官学等政府、企业、学校等多方紧密合作，在2020年前实现所有小初高和特别支援学校教育环境IT化，构建学校与学校、学校与家庭之间无缝连接的教育信息化学习环境。同时，日本《第二期教育振兴基本计划》和《日本再兴战略》中均指出实现人手一台信息终端的教育方针，2014年12月高度信息通信网络社会推进战略总部制定了《创造性IT人才培养方针》，力求成为世界最高水平IT社会，积极培养下一代IT人才，推进国民的信息利用能力，大力推进教育信息化，建立日本技术强国的教育基础。

在这一背景下，日本政府以IT立国的国家战略高度，连续开展各类利用信息通信技术的各类国家级项目，努力实现教育信息化。截止到2013年，在义务教育阶段，日本中小学生的电脑平均拥有率不到两成，这个数字约为美国的三分之一，韩国的二分之一。为实现人手一台信息终端的教育信息化，日本内阁、总务省、文部科学省、各级教育委员会和相关企业都制定了各类教育信息化的相关计划，2012年仅"教育信息化对策"所用直接经费为1 673亿日元，占整个教育预算的3%，再加上其他各类相关投入，资金投入力度逐渐扩大规模，力求在2020年前实现适合21世纪的未来学校教育，从国家战略角度实现信息技术软硬件设备的普及，信息技术能力写入教材，提高师生的信息技术能力，消除数字鸿沟，实现技术立国的连贯性。例如，以日本总务省"未来学校推进事业"和文部科学省"学习革新事业"为主导，从2010开始针对日本小学、初中、高中、特别支援学校开展一系列教育信息化活动，主要目的就是以部分日本学校为试点，分批完成信息化基础设施建设、人手一台信息终端配备，进行各类基于信息技术的教学实践应用，探讨电子教材、电子档案、翻转学习、远程在线学习等涉及软硬件和教学方法的应用可能性和教学效果，为下一步全国范围内推广做好充分的准备。接下来以"未来学校推进事业"、"学习革新事业"、"先导性教育体制构筑事业"等为主要内容，分析日本教育信息化的具体应用和实践内容。

二 日本国家项目中信息技术的应用与实践

2.2 "未来学校推进事业"与"学习革新事业"

2.2.1 项目概要

日本文部科学省制定面向 2020 年教育信息化综合推进方案《教育信息化展望》，要求培养 21 世纪儿童生存能力，实现初中等教育的全面信息化。基于该要求，为建立信息时代下面向未来的学校教育环境，日本总务省制定了为期 4 年的"未来学校推进事业"，在 2010 年至 2013 年以建设日本初中等教育一线的信息化教学环境模型为主要目的，从全国挑选了部分学校作为试点（图 7），在这些试点学校中，文部科学省在 2011 年至 2013 年同步推进"学习革新事业"，联合开展 ICT 教育信息化实证研究。

由于日本总务省主要负责全国基础设施等硬件方面的建设，因此总务省引导的"未来学校"重点在于基础建设投入，包括导入高速宽带网络和无线网络、人手一台信息设备终端、云服务教育系统、交互式白板、远程卫星通信等软硬件。而文部科学省主要负责教育、科研等方面的政策和管理，在"未来学校"中则负责开展 ICT 教学的效果及影响的实践研究，开发有效的教学指导方法和标准化电子教材，实现互教互学的协同学习，根据学生个人能力和个性开展教学指导，达到教员间信息共享，开发出小学四五年级和初中一二年级国语、数学、外语、社会、理科等科目的电子教科书，以及特殊学校专用教材，总结与学校类别、学生发展阶段、科目等相适应的 ICT 应用教学方法。两个项目同步进行以探索 ICT 实践应用的可行性方法，实现"一人一台"信息终端所需的功能校验，完成信息技术教育模型的实证研究和测试，找出可行性方案和问题，以便今后进行改善和普及。

为均衡各地区的经济发展情况分布，作为试点从日本全国各地挑选了 10

所小学、8 所初中、2 所特别支援学校（类似残障学校），这些学校充分照顾偏远地区，均衡地区教育资源，尤其是包括 2011 年东日本大地震重灾区的福岛县，经济发达地区的东京和大阪地区仅各有一所。均衡试点学校的目的就是希望测试和验证通过信息技术消除地区差异的可能性，达到初中等教育质量的均一化。

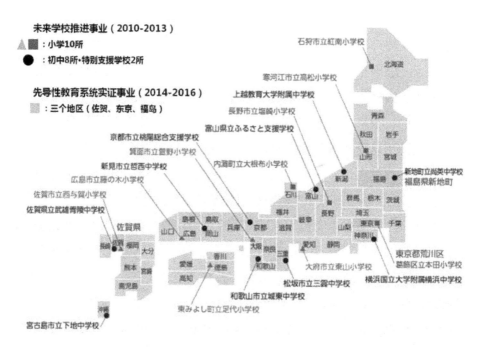

图 7　未来学校及先导性教育系统实证事业试点

日本教育所需的设施、资金、教材，甚至教员人手等各类资源都是由文部科学省、教育委员会等上层机构决定，如文部省负责制定教育政策、指导纲领等，各地教育委员会负责资金、人手分配等实际操作，总务省则管理硬件设备等，这就容易导致"上有政策下有对策"，有器材却无教材，有人手却不会技术，需求和内容不配套或者对应迟缓，使得负责技术和设备的企业很难直接与学校教育一线直接对接。另外，师生需求和地区差异造成每个学校需求与提供技术、设备的企业有一定程度的隔阂，容易导致上层采购审批

二 日本国家项目中信息技术的应用与实践

下来的设施实际利用率低，教学效果不明确，时效性低下等诸多问题。例如在偏远地区的小学，大部分教员都还在使用已经停止服务的 Windows XP 系统，缺少无线网络环境，办公软件基本上为 2000 年以前产品，几乎没有电子教材可用，学生也不能用学校电脑上网。

针对这种局面，日本政府利用推进"未来学校"事业的契机，由总务省负责硬件设备和技术支持的同时，文部省以"学习革新"项目提供电子教材等软件设备和教学方法研究实践等同步跟进，以招标形式让企业直接入驻学校教育一线，根据各地差异和实际需要订制软硬件设备，派遣 ICT 技术辅助人员，教育委员会全面配合，形成有效的产官学合作体制。由于企业直接派遣技术支持人员全天候在学校进行辅助教学，教师能够对技术设备的应用方法直接进行意见交流和咨询，反馈结果直接到企业和上级教育部门，现场就能整改处理，无需要层层报告、请示、审批、核实。例如，无线网络节点一般情况下仅配置在特定区域或教室，若更换教室则无法登录网络，限制使用空间和时间，尤其是在课堂人数较多、多个教室联网教学时，以往的处理方式是提前策划、提交报告、上层审批、预算处理、招标投标、安装测试等各类漫长步骤，对于软硬件要求较高的无线网络整改、电子教材应用、教学系统导入等问题需要数月甚至数年才能解决，严重影响了师生教学。而在"未来学校"中，教师直接将问题提交给企业在学校派驻的技术人员，然后技术人员现场解决无线网络扩展问题，同时将该问题备案到云服务器上，这样其他学校的人员也能信息共享，遇到同样问题时一并解决，使得普及推广的成本更低而效率更高。

由此，教师的信息技术应用能力大幅度提高，根据文部科学省《平成 22 年度有关学校教育信息化实态调查结果》显示，教师 ICT 应用指导能力分为五个方面进行评估，分别是：①教材、研究指导的准备和评价等相关的 ICT 应用能力，2007 年为 69.4%，而到 2011 年为 76.1%；②课堂上应用 ICT 教学的能力，2007 年为 52.6%，2011 年为 62.3%；③指导学生应用 ICT 的能力，2007 年为 56.3%，2011 年为 61.5%；④信息伦理等指导能力，2007

年为 62.7%，2011 年为 71.4%；⑤校务中 ICT 应用能力，2007 年为 61.8%，2011 年为 72.4%。调查数据显示教师的信息技术应用能力最近几年在每个方面都得到大幅度提高，尤其是在教材研究和课程指导方面的能力。

2.2.2 信息化教学环境构建

"人手一台"这一理念最初由信息化之父尼葛洛庞帝提出，主要指 OLPC（One Laptop Per Child，每个孩子都应该有一台自己的笔记本电脑）在不发达国家的推广，实际上日本作为发达国家，各地区仍然也存在经济差异和信息技术设备的欠缺。因此，作为"未来学校"的标准配备，主要是平板电脑、投影仪、电视机、幻灯机、电子黑板等，全校覆盖高速无线网络，导入教学系统、校务系统和电子教材等各类软件，达到人手一台信息终端，随时随地可以上网学习。"未来学校"中单个学校投资目前是 6 000 万日元左右，其中作为"一人一台"学习环境的标准配置包括：

（1）连接互联网以及教育专用高速网络的高速网络配置；

（2）连接各学校、教育部门、家庭的云信息平台（协同教育平台、校务系统等）；

（3）学校内无线网络配置及专用服务器、打印机、复印机等办公设备；

（4）电源保障系统（部分为防灾体系）、充电管理服务器；

（5）教室内电子黑板、投影仪等教学设备；

（6）所有学生及任课教师均人手一台学习终端（主要是笔记本电脑或 Tablet PC）；

（7）全套电子教科书和配套软件；

（8）ICT 技术支持人员，每校一名。

二　日本国家项目中信息技术的应用与实践

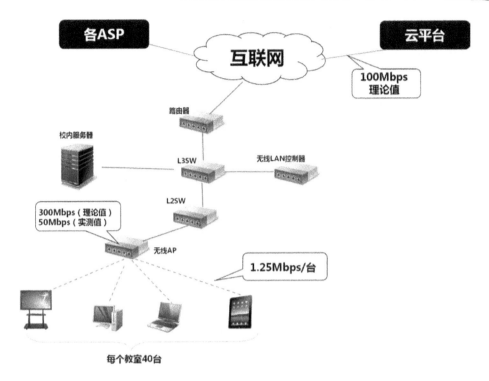

图 8　"未来学校"网络配置图

如图 8 所示，"未来学校"中采用专用云服务器架构的教育平台，除提供专用高速宽带网络云平台外，还能在线提供教学辅助系统、教务辅助系统、电子教材和应用软件等，记录并管理学生学习档案，部分地区家长和教育委员会还具有查看、建议等权限。部分地区提供高速专用 VPN 网络服务，支持手机和家用电脑等设备。为实现"一人一台"，向学校所有任课教师、管理人员和所有学生发放笔记本电脑（屏幕可翻转，含手写输入笔）或 Tablet PC（支持触屏手写输入），并为教师配备两台备用电脑，为学生配备约总数 2% 的备用电脑，设置专用充电保管库，为师生提供使用参考手册，部分地区提供免费培训，并配备专业技术人员现场跟踪服务。另外，除电子教科书外，还有配套软件，包括 MS Office、绘图软件、文本编辑器、动画剪辑软件、电子字典、电子图书馆、在线试题库及考试软件，部分配置在个人电脑上，绝大部分软件和数据内容都配置在"未来学校"专用云平台上。例如，cubekids、Just School。

作为实际应用来说，教师用教学终端的平板电脑可实时查看所有学生的电脑界面，可随时扩大投放在电子黑板或投影仪上，一个屏幕同时显示多个学生的界面，而且能够随时合成、剪切、缩放。课堂上可调用云服务器上的电子教材和软件，进行扩展学习，利用平板电脑的摄像头还可以和其他教室，与其他学校或者国外的学生一起远程视频交流，共同上课，互相展示自己的作品，实现互教互学协同学习和翻转学习。"未来学校"项目专门为试点学校架设了协同教育云平台，提供各类在线应用软件和电子教材等开放性教学资源，拥有在线协同合作办公系统、问卷调查系统、家长教员信息共享系统，同时可以应对自然灾害分散保存数据，提供紧急情况下的VPN服务，并且配套自动切换路由，及时发布灾害信息。如桃阳综合支援学校，就利用"未来学校"的专用云平台架设VPN，用电视会议系统连接京都大学附属医院，让因病入院的学生能够在医院远程和同学们同时上课，互相鼓励学习。原本需要派遣教员定期去医院补课或者等学生回校后补课，利用ICT教学环境首先缓解了教师人手问题，并且让学生远程实时听课，最终解决教学困难。

"未来学校"中大量使用了笔记本电脑、平板电脑、交互式电子白板（IWB）、云服务器等多类设备，平时这些设备主要用于信息化教学，而在灾害突发情况下则成为地区避难地的中枢信息系统。为了能同时保证学校信息安全，且紧急灾害时能对外开放，各地进行了诸多实践测试研究。为保障灾害下互联网的畅通，学校网络的带宽、IP地址、防火墙都是ISP网络服务商优先保障对象，未来学校内部网络设置双重或多重网络系统，将互联网、防灾网、校园局域网等物理分开，设置自动或手动路由切换，事先设定好特殊情况下对外开放的网络环境，确保了校园网的独立保密性，又能发挥网络共享的功能。如利用数据通信卡（外接USB型网卡）分发给需要临时使用的人员，能够保障在校园外也能移动上网。

东日本地区的学校在平板电脑上安装双系统，启动时按照"通常时"和

二　日本国家项目中信息技术的应用与实践

"灾害时"进行选择性操作，部分学校要求利用云存储功能，将所有个人信息全部存储至指定的云服务器中，在利用 ipad 等信息终端时，采用 google 同步功能将数据都同步备份至云服务器，当数据丢失或者损坏时都可随时恢复。网络连接采用账户认证方式，经认证的信息终端才可登录校内网络，提供部分临时账户以备紧急情况下对外使用。

另外，"未来学校"也对交互式电子白板的应用也进行了相关实践，电子白板价格贵，但可扩展性强，大尺寸显示屏在信息共享时作为户外宣传板，在紧急情况下可连接无线网络，接收紧急警报设备的信号，在指定时间利用声音、图像等即时显示灾害通知，与语音广播、手机警报等构成地区紧急信息提示系统，尤其是学校的操场、体育馆等，利用大尺寸显示屏向公众滚动显示灾害信息。通过触屏手写板即时保存书写的内容，不仅在灾害前期混乱的状态下能够起到非常明显的提示效果，而且后期可调用历史记录，进行数据分析。通过设置在学校的电视会议系统，还可及时连接灾害指挥中心，通过摄像头实时传输避难场所的情况，能在电话中断的情况下有效传递图像信息，学校可作为临时通信指挥中心。2011 年东日本大地震时，灾区政府机构无法正常办公时，曾将学校设为临时办公场所，因此，未来学校也进行了临时政府办公实地测试，将网络环境设定为校园网、行政办公网、互联网三网分离。例如日本西宫市的灾民支援系统，是在 1995 年阪神淡路大地震后专门建立的应急防灾系统，功能包括灾民支援、避难所、紧急物资管理、临时住宅管理、遇难者管理、损毁房屋管理、灾后重建管理等，通过系统数据备份和网络信息共享等多种方式，能够将学校等避难场所有效地组织和利用起来，发挥平时维护急时管理的作用。

在应急电源方面，除了 UPS 和发电机以外，未来学校大量采用太阳能蓄电设备，外加卫星通信系统，确保多元化的供电和上网途径。同时，采用 SNS 等多元化信息交流手段，能迅速确定师生安全状况，并随时通报家长和防灾指挥中心，在受灾时确保紧急情况下通过学校的电子白板、学校网站、校园广播、电视会议系统等多种方式即时传递消息。在"未来学校"的防灾训练中，学校设置的 ICT 设备可即时利用，迅速转化为防灾的有利工具，通过平时防灾训练和课堂练习，提高了师生信息技术应用熟练程度。例如，将手机、数码相机等拍摄的照片或者视频通过专用 USB 无线网卡上传到 google 等网盘或教育云平台上，平时可以作为教学信息共享，协同学习，紧急情况下作为对外信息发布的公共平台。而且未来学校加装了紧急地震速报接收装置，自动接收气象台发布的紧急通知，如 4 级以下地震只对教职员办公室进行广播，而 5 级以上时则全校紧急广播，同步会采用语音广播、电子白板显示、手机警报、学校网站头条新闻等多种方式进行宣传通知。

同时，学校网站也具备平时正常教学，紧急时信息共享的双重功能，例如东日本大地震受灾的福岛县尚英中学就采用了内容管理系统（CMS：Content Management System），设有防灾教室栏目，即时报道平时防灾教育的各类信息，当灾害发生时，用户可一键切换到紧急用的防灾网站。该网站建立后不久，便在 2012 年 12 月 7 日三陆冲地震中起到了实际作用，网站向所有加入自动信息推送系统的用户立即群发信息，家长看到信息后通过推送链接到学校网站获取学生信息和学校设施使用情况，查阅防灾指挥中心的官方信息，并通过网站进行留言互动。当地教育委员会以该模式为准，在各中小学校推行建设这类双重功能的学校网站，并将教学用的网站整合起来作为防灾教育平台会，以便发挥更大的作用。而冲绳县下地初中构建了防灾专用网络平台，通过该平台可连接至"web171"（由日本通信公司提供的灾害用信息交流平台）。由于日本的手机、平板电话等移动设备多采用 2.4GHz 带宽，构建临时网络环境无线 AP 采用 2.4GHz 和 5GHz 的双带宽，在紧急情况下各类设备均可利用学校的无线网。

2.2.3 教学方法研究

为了突破传统授课式教学模式的弊端，达到教学互补、反馈及时、个性化指导等目标，"未来学校"大量采用 ICT 应用来协同教育，开展各类 ICT

二 日本国家项目中信息技术的应用与实践

教学实践和尝试。表3列出了部分学校的相关研究课题，主要包括ICT应用课题、防灾应用课题、教学方法、远程教学、系统应用等。未来学校中大量使用"学习革新事业"所研发的应用各类软硬件设备，将"学习革新推进协议会"作为信息技术设备实践应用的主要负责单位，该协议会由教育研究专家和学校教师组成，下分中小学工作组、特别支援教育工作组和ICT使用注意事项整理工作组等3个小组，负责与总务省互相配合，确定实施方案、具体计划、进度监管及总结汇报等。

表3　部分未来学校课题

学校名	合作单位	课题内容
尚英初中	福岛县新地町	中小学连贯式信息教育中设备和ICT环境的课题抽选与分析 受灾地区ICT应用下授课效果与信息传递的课题抽选与分析
横滨国立大学附属初中	横滨国立大学	通过语言活动的素养教育中ICT应用方法分析 教员及ICT技术员的实证分析
三云初中	三重县松阪市	学校及地区中ICT应用时的课题抽选与分析 远程教育系统的导入与应用相关课题抽选与分析
城东初中	和歌山市	云端泛在环境构建与应用的课题抽选与分析 不同终端OS应用的课题抽选与分析 校内外及家庭可用的学习系统构建与验证
下地初中	冲绳县宫古岛	ICT设备有效应用下语言活动充实的课程改善
桃阳综合支援学校	京都市	基于电视会议系统的学校间交流活动实证研究 灾害时ICT设备应用方法、教育活动与避难的有效方法研究
furusato支援学校	富山县	安全安心无线LAN环境构建验证 云服务器教育应用验证

所谓"学习革新"指的是利用信息通信技术实现新的教学和学习方法，在未来学校中采用电子教科书、多功能教学设备、教育云平台等通过多媒体教学、学习分析、数据存取等多元化手段进行教学指导，以提高教学效果。软件方面主要以纸质版本的教材内容为基础，添加画面扩大、有声阅读、动画播放、笔记读写、模拟等各种功能，开发小学的国语、社会、算数、理科、外语，初中的国语、社会、数学、理科、外语等共计10门课程的电子教材。除单机版的电子教材以外，还制作有采用云平台的教学辅助系统，以保存、共享、分析各类教学数据，还提供各类相应的软件下载。例如，利用学生一人一台终端的教学环境，根据学生个人情况进行有针对性的个人指导教学，

在集中授课时采用图形处理、信息共享、实时演示等功能进行协同学习，采用远程视频会议系统进行跨地区远程教学，利用触摸终端的手写输入、语音提示等功能辅助残障学生。

该项目提出了具体的ICT教学指标要求，根据学生的年级划分所需掌握的操作技能，分学年逐渐开展ICT技能教学，如表4所示的小学阶段ICT教学指标，例如开关机等操作要求低年级阶段掌握，而系统和软件的操作则要求高年级掌握，办公应用软件的使用从低年级开始要求逐渐提高，如PowerPoint作为演示汇报专用软件，要求从一年级就会使用基础展示功能，并要求能配合电子黑板使用，中高年级进一步采用e-Learning模式将学习内容融汇在网络教学过程中。

表4 小学ICT教学指标

目标	1年级	2年级	3年级	4年级	5年级	6年级
爱惜设备			√			
正确拿取设备，能正确开关电源	√	√	√	√	√	√
注意使用姿势，连续使用时注意休息或进行体操运动	√	√	√	√	√	√
能启动和结束软件	√	√	√	√	√	√
能分层打开指定目录下的文件夹	√					
掌握"另存为"			√	√		
能新建文件夹，整理文件					√	√
能使用绘笔输入	图文	图文	文章	文章	文章	文章
能使用键盘输入			单词	文章 双手	无罗马字表 手写输入	
能制作含图片的作品		√	√	√	√	√
能使用摄像头		摄影体验	√	√	√	√
使用互联网			检索浏览	检索浏览	取舍选择	发送消息
使用电子邮件	收发信	收发信	收发信	适当使用	适当使用 原理理解	
OneNote			√	√	√	
Excel					√	√
Word				√	√	√
PowerPoint	基本操作	基本操作	√	√	√	√
鼠标、耳机等外设的适当使用				√	√	√

二 日本国家项目中信息技术的应用与实践

为调查学习使用效果，各试点学校在国语、社会、算数、理科、外语等科目上分别对科目的学习态度、能说读写能力、知识的理解和使用等方面进行了实践分析。如箕面市立萱野小学四年级的国语课堂上，教师就以课文阅读和讨论为中心，让学生用触摸终端登录教学云平台阅读对应的电子教材，以不同颜色直接在触摸屏幕上划出文章重点及各部分词汇或内容，总结段落大意。阅读完毕后，分小组互相交流，利用协同学习软件，共享各自的信息终端，学习和理解互相之间的想法，最后让小组代表将讨论的内容通过IWB（电子黑板）进行总结汇报展示，由师生们提问学习，信息内容自动保存上传至服务器上，下一次课可调用继续深入讨论，教师可以通过学习数据对学生学习情况进行统计分析。

以小学的"算数"科目为例，主要从对算数的关心、意欲、态度，对数学能力的思维、数量、图形等的技能掌握、对数量图形等知识的理解等三个方面进行的评估。学生利用触摸终端加载电子教材，通过移动、放大、修改、涂写等功能进行学习，将思考的内容以电子学习档案形式保存下来，再通过共享商讨进行协同学习，利用模拟器（学习辅助软件）在电子黑板上模拟几何物体，以虚拟的多维物体进行展示。在图形分析上通过多元视角可以观察到图形的各个层面，提高了学习兴趣和理解速度，视觉化处理后学生的做题速度明显提高，而面积计算上通过每个学生的思考方式共享可以使得学生接触到各种不同的计算方法，从而扩展思维能力。在六年级算数课堂上，任课教师选用了"未来算数"作为主题来讲解三角形面积计算方法，学生首先在平板电脑上利用绘图软件独立探索解题方法，利用图像的裁切、重组等功能，理解平面几何面积计算的方法。任课教师随时进行一对一辅导，在发现独具特色的解题方法后，让学生上台采用电子黑板向全班同学说明自己的想法，以师生自由提问方式进行课堂交互式教学。

在理科教学上，利用电子黑板展示天气变化的动画和图像，提高学生的学习积极性。例如哲西初中二年级理科课堂上，教师以电子黑板展示互联网上天气信息，说明天气云图上等压线和风向的关系，再让学生用平板电脑从网站上选择分析，分组互相讨论学习解决课题，最后各小组进行演示说明调查结果。再如，通过液体体积的变化动态视频展示，提高科学性思考能力和表现能力，采用触摸终端的摄像头拍摄动植物成长情况掌握观察、实验、记录的学习能力，采用云数据处理系统将各班的学习情况和学习报告收集起来，对比不同学校不同班级之间的异同点。在音乐科目中，学生利用音乐制作软件可以自己作曲，保存自己演奏的音乐可以与其他人的作品进行对比，克服和改善演奏的不足之处。在家庭科目上，自主进行生活类的教材制作，互相继续发言说明提高学习积极性，由教师出具类似家庭节电方案的作业题让学生在教学系统中分组协同完成，提高在生活中的实际操作能力，采用电子教材的模拟系统进行商品买卖交易，熟悉选购和理财规划知识。除基于教材的内容外，还采用教学辅助系统支持邮件服务功能，让师生和家长互相通过邮件进行沟通；在学校入口处设置电子签名板，由学生来制作和管理；发布紧急避难信息，开展灾害避难训练。

由于日本小初中原则上不允许携带个人手机或移动设备进入课堂，因此除课堂学习外，作为课外学习模式，允许学生将学校配置的平板电脑带回家，利用协同学习平台登录学校的网络，完成家庭作业或者预习，并且随时能够调用各类软件、以往的学习笔记进行复习。作为课外实践的案例，老师采用翻转学习或者混合学习模式，先课堂上讲授基础知识后布置家庭作业，让学生利用平板电脑的摄像头拍摄有关季节信息的视频，然后剪辑之后在课堂上进行汇报演示。

在实践教学中各个科目都发现了诸多问题，如国语科目中书写的弱化，仅靠触摸终端手写输入会弱化学生实际书写能力；课堂上短时间的反复练习虽然采用ICT设备比较有效，但长期的书写习惯仍然还需要实际手写去培养；电子教材信息量比普通纸质教材要偏大，如何掌握信息的量和质的平衡，并没有一个统一标准；调查学习时需要避免学生对互联网检索的依赖性，对于引用、抄袭需要严格控制；外语学习中数字化的语音和视频可以补充练习听说，但仍需要当面交流；大量时间消耗在ICT设备操作熟悉上，尤其是低年级阶段，

二　日本国家项目中信息技术的应用与实践

容易导致课堂教学时间安排不均衡，养成学生不良使用习惯。

另外，在教师研修上，为了能够帮助教师充分灵活使用电子教材、ICT设备，除采用教务辅助系统保存和共享信息外，还举办各类研修会讨论教材使用方法、ICT环境下新教学法的应用，培养教师自制电子教材，调配ICT技术支持人员深入教学一线辅助教学。但是在执行过程中，加重了教师的负担，比如部分情况下单靠研修和操作手册还是无法理解，仍然需要现场实践指导，ICT设备发生问题时无法应对等各种问题层出不穷，今后在ICT普及应用前需要做好充分的预案。

2.2.4　特别支援学校中的教育实践

日本"特别支援教育"主要目的是帮助残障儿童生活自立，参与社会活动，需要掌握每个儿童在教育上的需求，提高其生存能力，改善或克服生活和学习上的困难，进行适当的辅助和指导。该类教育的对象除包括身体残缺、疾病等情况的学生外，还包括存在于每个普通学校的具有智力、读写、理解等障碍的学生。据统计日本2012年特别支援学校在籍学生约66 000名，主要是视觉、听觉、肢体、智力等障碍和体弱多病者，占义务教育阶段学生总数的0.63%。而中小学中具有视觉、听觉、肢体、智力、语言等障碍，体弱多病，自闭症，情绪障碍，学习障碍，注意缺陷多动性障碍等的学生约236 000人，占义务教育阶段学生总数的2.27%，两者合计接近总体的3%。为帮助和支持这些学生开展有效的教育活动，在未来学校中专门设立特别支援工作组，采用ICT进行辅助教育，解决或缓解就学困难，提高学习积极性，促进知识的理解和应用，灵活利用各类设备研究验证更合适、更加人性化的有效教学方法。

"未来学校"以富山县立FURUSATO支援学校和京都市桃阳综合志愿学校为试点，主要以病弱的学生为对象，以支援其独立自主、充实基础学习能力、提高感觉和运动能力为主展开教育实践。具体来说，例如对书写困难的学生采用触摸终端，配合教师自主开发电子教材，以手写或键盘输入，以选择题正误判断的表现方式辅助学习；以图表方式自动计算和处理学生的学习过程，确保学生能独立完成自我评估和完成作业；采用带有摄像头的遥控小汽车，让学生分别担任发令、操作、计算等角色，互相帮助完成任务；通过电视会议系统与老师和同学们进行远程互动学习；让学生每天通过网络输入健康评估表，掌握学生健康状况。

作为实践教学成果，开发了120多套自制电子教材，包括数学题库、汉字练习、社会科目等内容，总结出面对特殊教育要求的ICT设备使用手册和多种辅助学习方案，接受"学习革新事业"实践教学的学生的成绩呈逐渐增加趋势。值得一提的是，对于行动不便的重度残障学生能够在触摸设备和电子教材支持下自主学习，采用特制的触摸笔记本固定装置和多媒体输入设备等，增加了与教师交流的频率，提高了学习积极性，在音乐、绘图、拍照等方面明显增加了自主操作行为，取得了比较良好的教学效果。对于长期住院的儿童采用教师访问加远程教学的形式开展教学辅导，如e-Learning教学，利用电视会议系统帮助师生远程交流互动，同步协同学习，增进学生的团队精神和学习积极性。

由于接受特殊教育的学生人数少，学习进度层次不齐，而教室数量和教师人手有限，利用多台电子黑板在一个教室内，使不同年级的学生在同一教师指导下同时学习。利用无线网络环境和电视会议系统开发"远程科学实验室"系统和"远程音乐制作室"系统，使得住院的学生能够通过该系统参与理科实验，比如控制远程监测传感器，观测实验数据，观看一些无法带入医院的动植物，远程使用显微镜、望远镜等设备，远程参与合奏、合唱等声乐活动。

在实践过程中主要出现的问题在于特殊环境下，比如医院无菌室，难以搬入ICT器材，消毒等的处理，无线网络设置、学习时间的安排等还需要医院和医生的许可，机器的使用方法和处理方法需要根据学生实际情况进行妥善安排，开发的各类应用软件在实际操作中并未有一个统一标准，应用的推广具有一定难度。远程教学所需的电视会议系统、无线网络环境都需要专业人士搭设和维护，ICT设备出现问题难以解决。部分学生，尤其是长期没有进

二 日本国家项目中信息技术的应用与实践

入正常课堂学习过的学生，对教室和教材等具有抵触情绪，对新方法具有一定的怀疑态度，需要有针对性地辅助指导。

2.2.5 项目特点分析

"未来学校推进事业"和"学习革新事业"在日本20所中小学进行试点实践，积极利用无线网络环境、触摸终端、电子黑板、电视会议系统、教学辅助系统、电子教材等开展各类研究和实践活动，三年多的教学实践获得诸多成果，基本建立了今后日本在信息技术环境下的可操作性模型，还在一定程度上代表着日本中小学电子教材制作标准规范，获得了广泛的认可，取得了良好的社会示范带头作用。该事业将会为今后日本科技立国，制定义务制教育阶段的指导纲领提供很好的实践基础，这些在实践过程中总结出来的经验教训也值得我们借鉴和学习，能够在今后教育技术普及过程中少走弯路，以便制定和完善符合本国需求的教学环境和教学方法。

"未来学校"项目中在用传统黑板的同时投入了价格昂贵的电子黑板、投影仪等配套设备，而学生除了传统的纸、笔、书外，每人都拥有一台台式笔记本或者 Tablet PC，可随时下载配套的数字教科书、资料、图形软件、文本编辑器等软件。这样学生使用自己专用的电脑，可以随意在国语课上进行笔记、自由阅读，数学课上让图形 3D 化、剪切拼接，不同的解题思路能以动画形态同时多屏展示，英语课堂上能够录音自己矫正发音。而且，学生对于无线鼠标键盘还有远程操作非常感兴趣，有了这样的便携式电脑，学习就不仅是在教室的狭窄空间内，课外能够带着笔记本在校园外拍照，记录个人生活，在互联网上查阅资料，撰写报告，制作 PPT，远程视频发表各自的成果，参与这样课程的学生兴趣盎然，反应积极，思维活跃。

而另一方面，两个项目通过文部科学省和总务省的综合评估，对于这种高成本的投入，尤其是各地区软硬件的重复性建设，被质疑利用面窄、成本高、可扩展性低，再加上日本财政困难、经济停滞、政权更迭等诸多原因，两个项目在短短三四年就宣告资助终止。作为项目的经验总结，下一步日本总务省和文部科学省力图建立一套完整的，具备开源性、开放性、可扩展性强且低成本的教育系统和新的教学模式。

2.3 "先导性教育体制构筑事业"和"先导性教育系统实证事业"

2.3.1 项目概要

日本政府近年来加大教育信息化投入力度，力求在 2020 年前实现人手一台的发展目标，加大力度普及教育信息设备，开发各类电子教材，从国家战略角度培养下一代国民的信息技术应用能力，以提升整个国家信息技术竞争能力。从各类统计数据可见，日本虽然力求各地区初中等教育的信息设备资源均一化，但是全国学生人数较多，短期难以实现人手一台的目标。通过"未来学校推进事业"和"学习革新事业"的部分试点学校开展了人手一台的教学环境，测试了 ICT 应用上教学和学习效果，从研究结果中发现急需一个具备跨地区、跨学校的教育应用平台，以便今后能够整合各类教育资源，共享信息实现教育信息化的统筹规划。从项目调研报告中显示，在日本全国中小学校普及 ICT 教育环境仍然面对非常多的问题，比如从学生人数上来看，日本小初高及特别支援学校在校人数约 1 400 万人，教师约 100 万人，约占日本总人口十分之一，如何低成本高效率地建设能够扩大人群所需的信息化教学环境，采用何种有效的信息化教学手段，中途会产生什么样的问题，这都需要更加深入的通过实践研究进行综合分析探讨。面对不同学习和教育需求的人群和单位，就需要完善信息化基础设施，建设具有统一标准的信息化教育平台、电子教材、应用软件等软硬件设施，在产官学合作下，以低成本、高效率的方式提供各类服务，让学生、家长、教师以及相关技术人员都能无缝连接协同作业，从海量的大数据分析中分析教育一线的实际需求，真正实现社会教育信息化。

此外，近年来与教育信息化相关的日本国家级项目还有诸如"学校设施在灾害时的 ICT 环境利用事例"研究项目、"校内 LAN 整备"项目、"培养 ICT 应用能力"项目、"e-Net Caravan"项目、"学校及社会教育设施的信息通信设备和视听教育设备等的状况调查""信息使用能力调查""ICT 利用终身学习支援事业"等。在政府主导下为这些项目投入了巨大财力、物力和人力。实践研究结果发现，统一性的标准和统一性的教育系统不仅可以降低成本，还可以反复利用快速普及，达到低成本高效的目的，无需每个学校建立各自的网络环境和内部教学平台。根据这一结论，为实现学校和家庭间的无缝连接，降低教育领域中信息技术的普及成本，制定统一标准促进产官学合作，总务省从 2014 年开始，为推进教育领域 ICT 应用的进一步普及，与文部科学省的"先导性教育体制构筑事业"一起，同时进行"先导性教育系统实证事业"，提出建立低成本高应用的教育云平台，实现无缝连接学校与家庭，还可以在线利用各类电子教材和教育工具，设立教育云平台的统一规格 SPEC（Standard Platform of Educational Cloud），并开源化培养推广。

近年来日本在教育领域中的信息技术应用研究实践表明，日本的教育一线仍然存在信息分散化、软硬件标准不一致造成的使用局限性、ICT 利用方法的不足等诸多问题。根据 2009 年发布的 PISA 调查在 OECD 加盟各国中日本的 ICT 利用率非常低，无论是国语、数学还是科学课程，几乎不使用 ICT 技术。在文部科学省的总结中，推进教育信息化，促进根据个人需要进行指导的教学及其教学条件的创造成为此后的课题。同年度的日本文部科学省《学校教育信息化实态调查》显示日本全国平均 7.2 名学生共同使用一台计算机；校内 LAN 普及率为 64%，30Mbps 以上的互联网普及率只有 60.5%；全国中小学校电子黑板持有数量仅为 16 403 台；投影仪持有数量仅为 59 205 台；在能够利用 ICT 来进行教材研究、教学准备和评价等活动的教师比率为 72.6%，但是能够在教学中活用 ICT 来指导学生的教师比率只有 56.4%。针对这种情况，日本政府制定了《第二期教育振兴基本计划》《日本再兴战略》《世界最先端IT国家创造宣言》均积极推动教育领域的ICT应用。到2014年3月为止，日本全国学校1台电脑平均使用学生数变为6.5人；校内LAN普及率提高到85.6%；30Mbps以上的互联网普及率提高到79.1%；电子黑板为82 528台；投影仪达159 934台；从2010年开始导入平板电脑等触摸终端，到2014年猛增至72 678台；教师应用ICT的能力全面提高，能利用ICT来进行教材研究、教学准备和评价等活动的教师比率增至80.9%，能在教学中利用ICT来指导学生的教师比率增至69.4%。

由日本总务省委托日本教育技术振兴会进行实践调查报告——《2013年度有关教育领域中最先进的ICT利用情况的调查研究报告书》从案例分析角度对教育中技术和实践方面的ICT使用进行了实践考察，总结指出在学校一线的ICT使用虽然有部分实践成果，但是依然存在家庭和学校间联系不紧密、ICT环境使用成本过高、现有环境无法解决的诸多课题，认为建立一个综合性的教育学习云平台有望解决上述问题，如图9所示，对比以往的区域性内部网络模型（Intranet模型），利用了云服务的云模型不仅能够减少地区的负担，实现校外随时随地登录，还能够做到对接各类设备和统一化管理，低成本高效的运营。为此，初步构建了一个教育学习云平台原型，以两所小学的部分学生为对象进行了小范围的实践调查。该平台主要提供以HTML5制作的电子教材、视频教材等形式的学习内容，以及学习辅助工具、协同学习工具等应用软件，可应用于Android、iOS、Windows等OS和多类硬件，通过对试点学校的实践来验证多个学校间、校园与家庭间，以及移动通信条件下学习、教育等使用情况，尤其是对使用电子教材和协同学习软件进行新学习模式的实践验证。实践验证结果显示，通过提供多种电子教材和应用软件，对应各类操作系统，可以实现跨系统、跨校区的泛在学习模式，不仅提高了教师和学生的ICT应用能力，而且极大程度减低了教师的工作量，教师无需再对电子教材的安装、管理、统计做出重复性的劳动，教务系统的横向联系解放了教师对学生学习记录的手工统计管理，家长也可以随时查看学习记录了解学生学习情况。该报告最后指出,若能在日本全国范围内推广和应用这类教育用云服务平台,从宏观上可以降低区域性差异,实现电子教材制作和应用的标准化,推动业界制作规范的电子教材和信息系统接口,并且加强学校与家庭之间的联系,达到统一化管理教学信息的目的,希望今后能在更广的区域、更多的领域继续深入验证教育信息化的各种可能性。

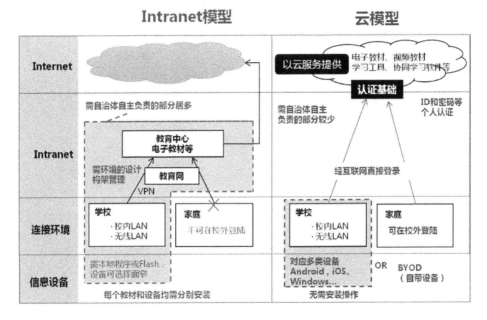

图 9　内联网模型和云模型的对比

2.3.2　项目特点及"ICT 梦想学校"

自 2014 年下半年开始,文部科学省实施"先导性教育体制构筑事业",开展教育体制统筹方面的实践,同期总务省实施"先导性教育系统实证事业",构筑教育用云平台,验证技术方面的可能性。项目在福岛县、东京都、佐贺县 3 个地区选择 12 所试点学校,加上日本国内 31 所合作学校和国外 5 所学校(荷兰、土耳其、尼泊尔、秘鲁、沙特阿拉伯等日本人学校),以及 25 所"ICT 梦想学校"试点单位。两个项目的关系如图 10 所示,由总务省负责基于云服务的"先导性教育系统",通过企事业单位开发系统和应用软件,提供信息化教学环境,而在该系统下由文部科学省开展"先导性教育体制"的实践,通过各地区教育委员会开发和使用电子教材,加强各学校和家庭之间的联系,开展教育实践研究。项目采用申报计划书竞争投标方式确定试点学校,保证预算符合事业目的并有效进行,研究成果将向各地教育委员会和学校等相关单位进行信息宣传,并在官方组织的研修会和宣传资料上发布。

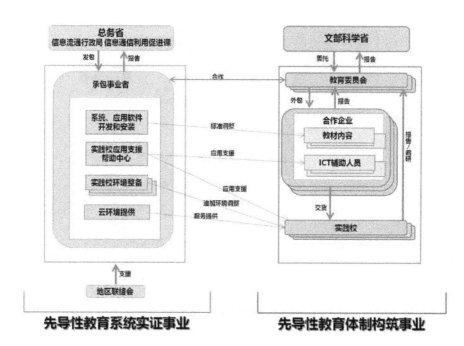

图 10　事业实施示意图

"先导性教育体制构筑事业" 2014 年度预算为 12.2 亿日元,2015 年度为 11 亿日元,目的在于利用云计算等最先进的信息通信技术,构筑地区教育体制,促进不同学校间、各类学校间的信息共享,加强学校与家庭间的联系;充实新型学习形态的指导方法,开发各类学校和各类教材所对应的指导方法,培养教师指导能力,构建教师研修体制;提高电子教材的便利性,积累区域间各学校可相互利用的教材,共享教材和指

二　日本国家项目中信息技术的应用与实践

导实践事例等信息。项目要求在 2017 年时教科指导中 ICT 有效利用率，即指导学生 ICT 应用能力回答"完全能做到"和"稍微能做到"的教师比例，达到 80%。

"先导性教育系统实证事业" 2014 年度预算为 5.5 亿日元，2016 年预算为 3 亿日元，如图 11 所示的教育学习云平台，目的在于教育领域中积极促进和普及 ICT 的利用，将学校课程和家庭学习无缝连接；提供丰富的电子教材，制定基于 HTML5 的统一化标准；降低 ICT 应用成本，减轻地区政府和教育委员会的负担；灵活利用学习记录数据，开发出大数据分析的新型商业领域；将学校以外的各类教学资源，诸如图书馆、公民馆、儿童馆等公共设施、教材开发公司、通信教育、培训学校等学习服务相关资源以信息通信技术予以整合联接；构筑学习者可以随时随地学习的泛在学习环境。在具体实践中该"事业"将构建可对应各类信息终端的低成本教育 ICT 系统，对低成本、标准化系统的功能和技术指标开展实证研究，以求获得今后教育 ICT 系统的普及型模型。该"事业"要求校园内已配备有一定程度的电子黑板、触屏电脑、无限网络等信息设备，并已实际应用在教学中，必须使用学习教育平台中所提供的学习支持功能、教师支持功能、学校家庭联系功能、学校间联系支持功能、学校与民间教育事业者的联系功能，能使用该平台提供的 HTML5 规格的电子教材，实施家庭学习，在确保信息安全的情况下保存学习、教务等记录，进行利用和分析，以此制作和提交相关实践研究报告，具体系统特点如表 5 所示。最终通过开放性云平台，构建统一标准，最终达到低成本连接各类设备和 OS，解决各地区经济差异和重复性建设问题，无缝连接学校、家庭及课外学习机构。到 2015 年底，教育云平台上已经可以提供数十种电子教材，均统一采用 HTML5 制作，既有委托企业制作，也有学校或者个人制作的各类教材，如算数基础、学习动画、TEK Web 教育系列、新世界学习百科事典、eboard、交流支援教材等等。

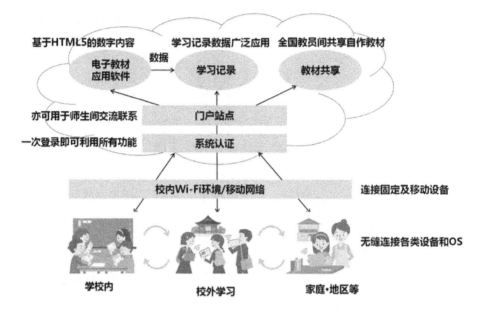

图11 先导性教育系统示意图

表5 教育云平台特点

教育用电子资源	动画教材、练习教材、协同学习辅助工具、学习百科事典等，多样化
OS·浏览器应用	不限硬件、OS、浏览器的类型，泛在性
SSO	Single Sign-On：一次登录即可利用所有功能
SNS	师生、家长之间交流互动
学习记录确认	作为学习档案记录所有学习信息
教材共享	教员制作的教材上传、下载、共享
教育资源购买	教育委员会和学校可购买各类教育资源
ID管理	ID、密码、学年、班级、学校等用户信息管理
门户站点	操作手册、应用权限、支持与帮助等服务辅助信息

作为试点单位，以"未来学校"的实践研究成果为基础，三个"先导性教育系统实证地区"再加上"ICT梦想学校"形成了研发、实践、分析、应用、推广的良性循环。"ICT梦想学校"是由总务省主导的"ICT梦想学校创新实证研究"的核心部分，主要以教育云平台的应用和实践为中心，将学校教学和家庭学习联合起来，实现随时随地不限设备类型的泛在化学习环境，消减教育ICT投入，减轻地区负担，并提供跨地区跨学校的教学实践平台。ICT梦

二　日本国家项目中信息技术的应用与实践

想学校项目的理念是向所有人提供随时、随地、安心安全的最佳个性化学习环境，这个理念和"先导性教育体制构筑事业"、"先导性教育系统实证事业"的目的一致，主要是创造学校、家庭、地区的无缝连接学习环境，让学习者可以利用任何设备自由学习，在技术和制度两方面保证个人信息安全和网络安全，并对ICT支援下的学习环境进行管理，保证灵活的对应学习和教育活动，避免过度管理。根据世界最先端IT国家创造宣言，ICT梦想学校项目时间跨度为十年，到2020年实现全国师生人手一台信息终端，其中2014年到2016年，主要以ICT梦想学校和教育云平台的实证研究为主，确立项目时间基础以及实践模式，2017年到2020年，以全国范围内切实推广普及。

　　实现ICT梦想的学校的理念，秉承一下三个基本方针：一是建立和完善以学习者为中心的学习环境；二是形成主体多样化的社区和生态系统；三是力争普及和展开。要实现ICT梦想学校，首先是在日本全国范围内建立供学习和教育使用的云平台。以平台为基础，支持各种学习和教育实践。同时与相关团体合作，在低成本的条件下建立开放资源的云平台，并确定相关标准。建立全国范围内的教育云平台需要考虑低成本以利于全国展开、对应多种末端、适应个性化需求，确保情报安全和可操作性，多样化主体参与等多种因素。开发适用云平台多种学习和教育模式，并开发适用于实际实施这些模式的教材，向全国推广。主要采用三种模式进行试点实践：①学校、家庭、地区合作型，利用云平台无缝连接学校、家庭和地区，随时随地利用开展学习活动；②活化地区发展、振兴地区型，应用ICT连接山区、孤岛等教育资源有限的地区，增加教育机会，因地制宜开展适应当地情况的教学方式；③最前沿教育型，以信息技术教育为主进行各类教育活动研究。

　　如图12所示，"先导性教育系统实证事业"、"先导性教育体制构筑事业"、"ICT梦想学校创新实证研究"三个项目同步推进，主要完成三大目标，即学习·教育云平台的开发和标准化、学习·教育实践模型的确定和开展、ICT化的进一步推进和商业化扩展。首先，在2014年至2016年三年期间，开发和试验云平台，再通过功能改善和应用完成平台标准化建设，产官学联合开发和完善各类教育资源，由文部科学省主导完成电子教材标准化研究，对个人信息、知识产权、信息安全等内容进行研究分析，同时三个地点地区、试点学校和合作单位一起确定研究课题，通过与当地各相关单位合作，以研讨会、研修等形式积极扩大影响，形成实践交流团队，收集各类教材和教案，以学习记录数据进行学习分析研究，力求创造新商机，在 2017 年前完成实践基础和实践模型。其次，在 2017 年至 2019 年第二个三年期，产官学合作推动标准化活动全面开展，完成信息安全、信息伦理、知识产权教育和研修，确定合适的信息安全政策，推动实践模型的普及，再通过 SNS、MOOC、3D 打印、4K·8K 高清数字技术等高新技术开展进一步的教育实践验证，推动校务系统、教学系统、教材教案等的完善和推广，并进行面向幼儿教育、成人教育的云平台应用的可行性分析，力争在 2020 年前实现 ICT 梦想学校的全面普及，创造新商业化机遇，形成教育和商业的经济产业链良性运作。

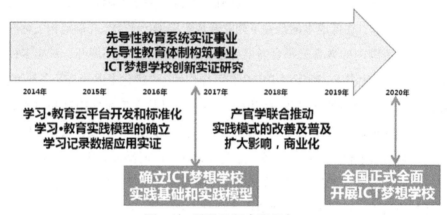

图 12 项目日程表及目标

2.3.3 实践与验证

开展"先导性教育体制构筑事业"和"先导性教育系统实证事业"主要目的是为了缩减信息技术投入成本，通过云服务来缩小地区和学校之间的差异，实现信息的共享，通过制定统一标准和各类设备以减少在电子教材开发和教学应用软件开发上的成本。

从具体的应用角度来说主要分为校内应用和校外应用两部分。校内应用主要是通过各类设备,包括电子白板、笔记本、台式机、触摸终端、手机等,登录教育云平台,利用上面的各类功能开展教学和学习活动,比如利用协同学习辅助工具可以同时集中展示多人的画面共享和谈论学习内容,应用SNS工具进行课内外交流活动,采用触摸设备自带摄像头拍摄,用AR技术虚拟展示等等。校外应用则连接学校与家庭、学校与学校,以及学校与各类校外培训机构。由于日本小初高的教育以学校内容为主,日本课外培训尤为盛行,如各类兴趣爱好和升学考试的培训,已经形成非常成熟的产业链。为了贯通校内外教学进度和教学知识,推动校际合作和校内外合作,如图13所示,利用云服务平台可以不限时间、不限场地、不限设备类型随时随地登录平台开展教学,因此校外培训机构和家长也可以灵活利用该平台进行学习监督、翻转学习或混合学习。

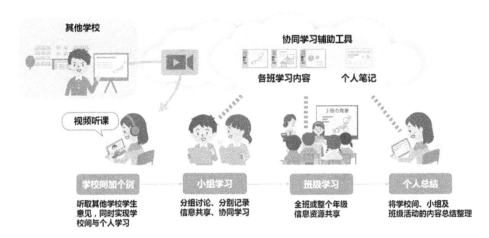

图13　教育云平台下的学习模式

日本因出生率逐年降低,导致生源严重缩减,尤其是偏远地区,实证学校中有部分年级人数较少,甚至仅有一个班级,为消除学生孤独感,培养学生吸取各类信息,扩展视野,积极云平台进行跨学校跨地区,甚至跨国交流的各种实践活动，比如在课堂内进行讨论后，上传到云平台上，然后听取其他学生意见，充分考虑后形成个人总结。根据实践调查报告显示，学生的积极性和满意度，还有信息设备的使用熟练度都比导入平台前获得大幅度提高。另外，为提高教学效果，利用云平台将学校和家庭无缝连接，采用翻转学习、协同学习和混合学习等方法开展教学，获得了良好的效果，图14显示了在教育云平台下新的学习模式，首先通过教师事前布置作业，了解学生目前学习情况，然后进行备课，同时学生在家学习，完成课外教学互动，上课时，调用云平台学习记录，老师根据事先掌握的学习情况进行课堂授课、分组协同学习、个别补习等方式有针对性地对每个学生进行辅导，使得学生每个人的需求和意见都可以及时反馈给教师，并由云平台进行记录分析，以便今后共享。

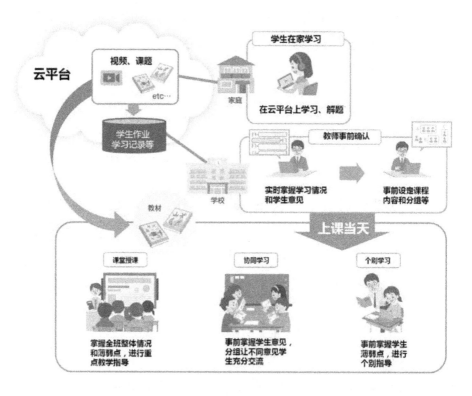

图14　多样化教学方法

二 日本国家项目中信息技术的应用与实践

ICT梦想学校具体实践内容如表6所示，通过与企业和地区政府合作，进行各类基于教育云平台的实践尝试，内容涉及特别支援教育、偏远地带教学辅助、翻转学习模式研究、信息共享、地区活性化、低成本教学环境研究、虚拟现实教学实践、计算机编程学习等，尤其是涉及新技术教学应用型课题的学校，比如冲绳县宫古岛市，位于远离冲绳主岛那霸市超过三百千米，当地人口仅有4万人左右，该市有七所初中，其中市立平良中学有教师约30人，学生500人左右，为了提高教学质量，提高学生学习积极性，积极利用云平台帮助行动不便或不愿上学的学生，并通过云平台帮助偏远小岛的居民实现远程教育，验证云平台教学的有效性。再如东京涉谷区立代代木山谷小学，采用虚拟现实技术来学习计算机编程知识，并通过3D打印技术将学生自己设计的虚拟世界打印出来，帮助学生理解计算机编程原理，提高学生逻辑思维能力和创造性。

教育云平台的最大特点就是在于能够低成本、反复使用、可扩展性强，对于先期"未来学校"各自建立不同教学系统、教务系统，甚至各种不同标准的电子教材和教学资源来说，教育云平台的实践研究是真正有利于快速在日本全国普及，并能满足学生多样化的教学需求，尤其是提出了学校、家庭、地区以及企业和培训机构等的多方合作理念，比原先ICT仅在学校校园内部封闭式建设要迈进了一大步，这对信息共享、资源共建、成本降低等都起到了良好的作用。日本政府力图在2020年前实现教育云平台的全国普及，贯彻了教育均质化的思维理念，而教育云平台是个大而宽的概念，需要反复多方面验证，在可扩展性API接口、电子教材的统一标准制定、系统安全等各方面都有着很复杂的课题。另外，由于日本地区经济不平衡比较严重，比如仅东京就占据了日本一半以上的GDP，而日本东北地区、冲绳地区却处于经济严重不发达地区，区域的发展不均衡导致越是不发达地区人口减少越快，中小学教育质量的提高面临着严峻挑战，而ICT梦想学校的验证是否能完成这个任务，还未可知。例如，在电子教材上，云平台要求以HTML5进行教学资源开发，但实际上，由于HTML5对编程能力要求比具备可视化操作界面的

FLASH要难度高，且部分偏远地区学校仍然还采用的是老版OS和浏览器，如IE6.0以下版本，就无法打开HTML5制作的电子资源，若采用Java Scirpt开发虽然可以解决动画交互问题，但是依赖于特定的OS和浏览器，容易造成不同终端产生不同的代码执行结果，这就对电子教材的可扩展性造成了一定影响。

表6 ICT梦想学校实践项目示例

实证学校	合作单位	模型类别	项目内容
世田谷区立樱丘小学、笹原小学、樱丘中学	LITALICO	学校、家庭、地区合作型	以需要特别辅导的学生为对象建立学校、家长及培训学校合作的教育模型；以云平台在学校、家庭和民间共享教育记录，实现个性化学习
福冈市立住吉中学	NTT Docomo		建立基于BYOD（自带设备）的低成本人手一台的教学环境模型；利用通信服务商免费提供的移动终端进行通信流量测试
箕面市立彩都丘学园小中校、葛城市立新庄中学校、登米市立中津山小学	Digital-knowledge		学校与民间教育机构合作的低成本教材和学习环境共建模型；基于云平台的电子教材和学习履历的官民共享，建立低成本可持续发展的教育模型
多摩市立爱和小学	Impress		基于电子教材等再利用的自主研发教材的应用和共享；基于云平台的电子教材等知识产权管理模型的构建
宍粟市立都多小学、西脇小学	神户报社	活化地区发展、振兴地区型	利用地区报社合作共建云平台应用的主动学习实践模型；日本报社协会合作下，开展全国性地区活性化模型验证
岛根县立隐岐岛前高中	一般财团法人岛前、家乡魅力化财团		基于远程交互交流学习的主动学习实践模型；利用云平台解决地区人才不足，提供不限场所的高质量学习环境
大川村立大川小中学校	高知县大川村立大川小中学校		利用云平台在人口稀少地区进行翻转学习，增加山村留守儿童人数，实现地区活性化；对山村留守儿童提供各类应用服务，提供学校和家庭合作的学习机会
益田市立益田东中学、京都府立清明高中、古河市自由学校	NPO法人eboard		NPO与自治体等合作下的学习困难人员辅助模型；利用云平台，确立MOOC教材和远程指导结合的低成本教学模型

二 日本国家项目中信息技术的应用与实践

续表

实证学校	合作单位	模型类别	项目内容
涉谷区立代代木山谷小学	日本微软	最前沿教育型	基于云平台的虚拟现实编程学习模型 应用3D打印实现编程的虚拟现实具体物化，提高理论性思考和创造性
宫古岛市立平良中学	夏普		为不愿上学和学习困难的学生提供治疗学习，利用云平台进行自适应学习，提供远程教育，为离岛提供高质量教育机会
奈良女子大学附属中学	国立大学法人奈良女子大学附属中等教育学校		应用教育用SNS和协同学习工具构建学校与家庭间、学校与学校间的合作 利用云平台实现SNS学习活动应用，为不同年龄段和不同学校间进行协同学习

三 日本教育技术研究发展历程及动向

3.1 日本教育技术研究历程

日本作为世界第三大经济体一直倡导科技立国,在新技术、新媒体发展上投入不遗余力,尤其是在教育应用上有着十分显著的特点,以日本文部省、总务省等为主导的国家级项目,如"未来学校推进事业""学习革新事业"在电子教科书、在线教育、学习分析等方面有着诸多实践和研究成果,而以大学和企业等为主的研究也具有非常重要的实践和理论价值,如日本开放在校教育推进协议会通过MOOC、翻转教学等开展各类课程实践。日本教育技术在吸收国外研究成果和经验的基础上,通过这些实践研究形成了特有的研究和实践体系,日本教育技术的发展主要跟随欧美发达国家的研究历程,其中尤其以日本教育工学会、日本教育媒体协会、日本教育系统信息学会等为主的研究团体,逐步建立了一套完整的研究和实践体系。

以时间划分日本教育技术的研究历程,大致可以分为四个阶段(表7),第一个阶段为萌芽探索阶段,二战后以机器教学设备应用为主,进行反复实践学习,以适应大规模培训的需要;第二阶段为融合发展阶段,设立各类教育培训中心,专门以电化教育、远程教育、通信培训等为主;第三阶段为创新转变阶段,将教育技术与信息社会需要直接挂钩,深入到义务制教育和高等教育中,以培养数字化生存概念的必备技能,开展教育和技术的反思及重构;第四阶段为智能多元化阶段,多学科融合加速,开始重视智能应用、信息管理和共享,技术发展和教育应用实践开始趋于同步。在这几个阶段中,日本适应当地教育和技术的需求,呈现出不同的发展态势,下面以四个阶段依次展开论述。

表7 日本教育技术发展历程

阶段	研究内容	技术应用	教育和学习理念
萌芽探索阶段 20世纪70年代以前	技术辅助教学、教育活动优化	机器教学、CAI、CMI、数据库和数据分析	经验主义、行动主义、硬件辅助教育系统
融合发展阶段 1970年至1990年	工学(系统)、实践、心理学等研究方法	ITS、对话型界面、定性模拟功能、ILE、Micro World	认知主义、发现学习、假说-验证学习
创新转变阶段 1990年至2000年	交互学习环境、自主性知识构建、协调学习等	CSCW、CSCL、Web-based authoring system、Navigation、Data mining	社会性构建主义、分散认知、状况认知、信息教育
智能多元化阶段 2000年以后	适应性学习环境、教育资源共享和管理	智能LMS、SNS、协调技术、标准化技术、知识挖掘、知识管理	知识构建、智慧创新、非对称·非结构的教育

3.1.1 萌芽探索阶段

教育技术(Educational Technology)于1920年左右源于美国,日本则在1950年前后的大规模产业化运动中开展技术职业教育时注意到这一领域的研究与应用,1960年开始使用"教育技术"术语,1964年日本视听觉教育学会(现改组为日本教育媒体学会),1967年日本电子通信学会(现改名为电子信息通信学会)成立教育技术研究会,后改组为教育工学研究会,1971年日本教育工学协会成立,1974年CAI学会成立(现改组为教育系统信息学会),1984年教育工学会成立,陆续地,其他与教育技术相关团体逐渐成立。1971年日本第一代教育技术学者坂元昂编著的《教育工学的原理和方法》,井上光洋《教育工学基础》等,同年,日本各大国立大学开始成立教育工学中心,随后教育工学作为独立的学科逐渐出现在高等教育中。1984年日本教育工学杂志创刊,后与教育工学会的学会杂志合并,成为日本最重要的教育技术学术期刊。在学科发展和研究实践中,日本教育技术学逐渐形成了日本特有的教育系统理论和研究方法理论。

在这一阶段,日本邮政和通信基本上由国家垄断经营,此时的教育技术主要以教育辅助手段的方式开展研究,侧重于技术本身的研究,比如CAI或CMI等研发,大部分第一代教育技术学研究者多出身于工科,尤其是计算机、通信、电子等领域,因此日本的教育技术可以说是源自于电子通信领域。其中,CAI(Computer Assisted Instruction)指的是以计算机辅助教师开展教学活动,如教学设计、教学辅导等,CMI(Computer Managed Instruction)则以计算机直接开展教学为主,通过机器学习、反复练习为主要手段,两者都能以程序学习模式由计算机控制或辅助教学过程,完成教育信息的整理、加工、运用和管理等内容。

3.1.2 融合发展阶段

日本在1985年前后开始了大规模的信息通信产业改革,推出了一系列政策法规,原先的信息技术相关研究者意识到新学科建立的重要性,此时教育技术相关领域的研究团体、研究机构等纷纷建立,教育技术成为一个独立的学科的学术背景孕育而生,由于日本学术界认为教育技术源于工学,所以在日语汉字中将教育技术表记为"教育工学"。大部分人才培养和学科设置此时沿用萌芽探索期的工科思维模式,教育技术多设置在工学部、电子信息学部、计算机学部,然后才逐渐出现在社会学、教育学、人间科学等院系中,这段时间经历了一个由纯工科思路逐渐转变为文理兼容的思维范式。

从技术发展和科学研究的角度,日本在20世纪80年代以后,偏重采用工学思路,主要应用计算机系统设计、练习反馈统计分析等研究方法,这与信息学、传播学、教育学的研究动向密切相关。值得一提的是,在工科思维为主的这段期间,心理学和传播学的兴起对教育技术产生了巨大影响,例如出现了以心理学研究方法研究个案,和以传播学手法研究大规模教育对象,等等各类新研究手段,使得经验主义占据主要地位。再就是媒介的多样化影响逐渐展现出来,除原有的报刊、广播、电视等媒介外,新的计算机网络、互联网逐渐开始兴起,使得媒介应用从原有的应用型思维转变为系统研发型思维,开始了以计算机为基础的教育系统化研究范式。这段时间内日本诞生了各类不同领域的研究团体,如表8所示,每个团体都有自己侧重点,呈现出交叉学科融合发展的态势。

表 8　日本相关学术团体的研究内容

研究团体	主要研究内容
电子信息通信学会	CAI、CMI等系统研发、工学研究手段、教育信息分析法、评价方法
CAI学会	CAI、ITS、CSCW、CSCL、人工智能技术、分散协调学习、SNS、信息教育
日本教育工学会	授课研究、教师教育、评价方法、教材开发、信息教育
视听觉放送教育学会	媒介应用、广播讲座开发、多媒体教材、外语教学
科学教育学会	初中等教育阶段中理科（物理化等）的科学教育方法
教育方法学会	实践研究、教师教育、媒介素养
教育心理学会	学习和教育活动的心理研究
信息处理学会	信息处理教育、信息教育内容和方法、教育信息处理系统
人工智能学会	ITS、ILE、数据挖掘、知识处理、Modelling、对话处理、CSCL
认知科学会	认知过程、学习和问题解决过程

随着教育和学习理念的变化,由原先的经验主义和行为主义转变为认知主义,从偏重硬件辅助教育系统的研究变为注重学习对象反馈的适应性教学研究,开始了发现学习、假说-验证学习等各类研究实践,弱化了系统中单纯的教育功能的研发,从学习者角度进行思维和设计,例如ITS（Intelligent Tutoring System）采用教材或教学内容构建以知识、教学方法、学习反馈的学习模型,进行交互性学习。还有从语言组织结构角度出发,分析和理解学习对象思维的自然语言对话型界面、以专家知识库为主的问题分析和解决型的专家辅助系统。在二十世纪八十年代后期,发现学习和假说-验证学习相关研究成为主流,采用定性模拟功能构建Micro World的ILE（Interactive Learning Environment）进行交互性学习环境研究的案例也开始大量出现。

3.1.3 创新转变阶段

进入二十世纪九十年代以后，教育技术研究逐渐转向为基于信息技术的学习模式研究、教育方法研究、学习成果分析和评价等，而非原有的以分析技术应用形态为主，认知科学成为主流，分散认知、社会状况认知等基于社会相互作用的学习共同体、知识构成和知识创新等相关研究得到重视。同时，由于信息技术的快速普及，信息技术的应用能力成为必要的社会生存能力之一，1991年文部省发布《信息教育手册》，其后信息教育纳入国家政策范围，开始进入初中等教育阶段，以辅助学习活动，提高教学质量，培养评价计划能力及设计制作能力。评价能力、表现和信息传达能力为主要研究内容，对社会交流和跨学科的理解也开始了思维转变。这段时期，主要研究对象包括CSCW、CSCL、ILE、software agent、hypermedia、multimedia、authoring system、navigation system、Information Filtering、rating、Data mining等各类技术和应用形态。其中，以CSCW（Computer Supported Cooperative Working）和CSCL（Computer Supported Collaborative Learning）为主要代表，利用计算机辅助系统帮助多样化学习目的和远程教学，使分散的多个用户可以分时或者同时学习。authoring system为编写系统，能够让使用者简易高效进行开发各类教学系统和软件，以满足各类教学需求。各类技术的应用效果主要从协调学习角度实现教学效果监测和评估，学习者也可以进行自我评价，通过知识重构与知识创新来理解和学习知识，从而获得新的技能和概念。

这一阶段内，由于Windows等操作系统和IE等浏览器的发布，标志着"所见即所得"的GUI界面开始深入人心，计算机已成为个人用户常用设备，计算机应用和操作能力快速普及。在教材开发和系统界面上，教育技术发展的最明显的特点是采用超文本链接的hypermedia应用成为主流，在同一个界面下能够实现文本、图像、声音、动画、超链接等各类形式的多媒体信息，基于网络和多媒体的教学辅助系统、教务系统、学习系统、电子教材等新技术和研究大量出现，自主学习、主动学习、导向学习等成为现实。

三 日本教育技术研究发展历程及动向

同时，互联网服务开始吸收固定电话、手机和计算机网络的用户，大量信息的共享和发布促进了新的商机，搜索、广告推送、个人主页、社交网络等业务开始流行，反映在教育技术领域就是需要信息过滤、数据挖掘等新手法来分析教学效果和辅助学习，注重手机用户的移动学习概念也开始产生。

3.1.4 智能多元化阶段

2000年以后，人工智能的出现，数字信息化社会的到来，使得教育技术注意到了社会性研究手法的重要性，开始注重人机交互和人机交流等多信道的互为影响的信息沟通模式，研究 Adaptive LMS、SNS、知识管理等相关领域，并且扩宽技术研发和应用范围，逐渐放弃原有单一功能的系统构架和技术模型，开始进行 Moodle、CMS 等可扩展性强的系统构架和模块化技术构建模式。从信息可视化和数据挖掘到辅助个人学习和小组学习，具备知识管理和学习管理等功能的 LMS（Learning Management System）相关研究大量涌现，支持自定义功能的 Moodle 平台成为日本教育技术研究的代表性技术。

信息技术的发展变化加速，新出现的智能手机、可穿戴技术、AR、VR、高清视频技术、机器人技术、传感器技术等开始普及，各类应用新技术新方法的研究开始加入到教育技术研究领域。再加上因信息技术发展不断涌现出新的课题，如技术标准、国际化规则、品质保证、信息综合 Middleware、e-Learning、云平台等，尤其是最近出现的 MOOC 开放型学习、基于大数据的学习分析、多元化非对称型 DWH（data warehouse）管理、知识可视化及知识管理模型等，这些新技术带来新的研究课题，研究应用和实践同时又推动技术和学科的发展。

与此同时，各学科的研究继续加速融合，教育技术学已经不是原先辅助教育的技术，而是融合教育学、心理学、社会学、信息学、计算机科学、通信、电子、传播学等各类学科的交叉领域，可以说是文理工等多个领域中横跨多学科的典型代表。这段时间就是日本"人间科学"学科建立的高潮时期，

· 65 ·

所谓"人间科学"指的是以研究人及人类社会为主的学科，其中包括人类学、教育学、社会学、心理学等各类人文社科类知识，由日本大阪大学于1972年首创，成立了人间科学学部（即本科专业为主的学院），随后早稻田大学于1987年新设人间科学部，京都大学1992年合并多个文科专业新建人间科学部，2000年人间综合科学大学成立，同时期还有取名为教养学部、人间福祉学部、人间社会学部、国际人间科学部、人间综合科学部等各类名称，其中主要就包括三块，即教育学、社会学和各类交叉学科，教育传播学、教育心理学、教育技术学已经成为这类院系的必设专业。另外，由于影像技术、动画技术、音频处理技术、虚拟技术和3D技术的发展，日本也逐渐成立多媒体处理、动画美工处理等多种学科，再加上日本以动漫大国为目标，开始向全世界推广以动漫为主的漫画、动画、电影、游戏等，这类学科一时广受欢迎。此类技术应用于教材开发、教学研究也成为新的研究领域，如利用游戏开展教学、利用动漫人物制作教材、制作各类动画类讲座等等，到后期与教育学、教育技术学相结合，日本利用动漫大国的优势，相关实践应用不断涌现。

由于信息技术的飞速发展，日本教育技术研究对象更加多元化。如图15所示，首先是教育资源的变化，如电子教材从简单信息展示转变为交互式多媒体结构，从经验学习到适应性、主动性学习的教学资源，再加上动画、视频等融合角色扮演、教学引导、剧本研发、信息反馈、可视化变现、协作学习等各类新型电子资源开始大量研发。其次，OGSA-DAI（Open Grid Service Architecture – Data Access and Integration）、非对成型多元化的DHW、基于云平台的e-Learning系统等利用信息的共享、处理、存储、分析、挖掘、可视化等技术，对计算机和互联网辅助教学进行了深刻变革，流媒体技术、高清视频、3D虚拟空间、SNS、交互式游戏、人形机器人等新技术也层出不穷，使得互联网应用无处不在，移动学习和泛在学习也成为新的研究课题。最后，在知识的表现、管理、储存等方面，由于图书馆学和信息学的发展，知识的可视化、知识管理、文本分析、自然语言处理、Ontology、Mentoring、Heuristics Assessment 等技术也得到重视，知识专业化和信息的多元化使得以

OCW、MOOC等为代表的开放教育和在线教育模式出现,诸如翻转学习、混合学习等教学和学习模式也随之出现。信息化社会对于学习环境的要求也逐渐提高,从个性化、移动化、自由化、多元化、可视化、虚拟化等各个方面进行研究,"未来教室"这一概念也在此时出现,传统意义上的黑板加粉笔的课堂集中授课式教学模式得到了多样化的改变,随着日本国家项目中"未来学校""ICT梦想学校""先导性教育系统"等的实施,配备电子白板、投影仪、教学辅助系统、人手一台信息终端和高速无线网络的教学环境成为今后学校的标准配置,同时教室桌椅、空间配置等的变化,教师主导型教学模式变为教学互动和学生主导型模式。

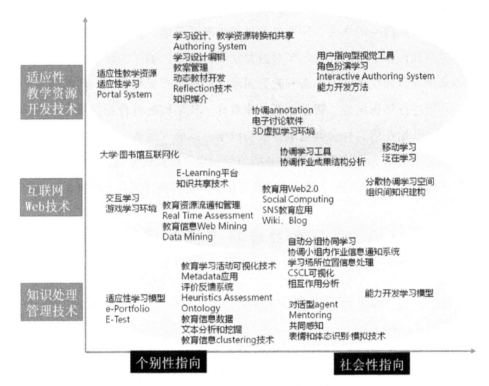

图 15　教育技术研究对象示意图

从日本信息技术发展的历程来看,日本教育技术的研究紧跟信息技术的变革和时代发展,配合国家政策变化,逐渐由单一的信息技术实践研究转变到社会和教育变革的综合性研究。这一变化与人类对科学技术认知的变迁相吻合，在经历二战后第一次经济危机之后，人们对科学技术产生疑虑后，二十世纪八十年代进入高科技时代普及化，到二十世纪九十年代则是个性解放的多样化时代，2000年以后随着高速互联网的高速发展，地球村概念逐渐成为共识，人们注意到社会性变革中科学的作用，而非单纯以科学论效应，开始讨论科学在人类社会中所产生的各类影响。

最后，从学习理论的变化历程上可以看出技术对教育的影响，在萌芽探索阶段以行动主义学习观为主流，通过客观观察行为进行刺激与反应的教学模式，注重学习最终的结果，故而以教学设备和程序学习设计为主。其后在融合发展阶段，以认知主义、发现学习、假说-验证学习为主流，通过学习过程发现理解信息的含义，注重学习过程的教学反馈。而在创新转变阶段，开始注意到社会结构和社会认知对教育学习的影响，通过构建主义和分散认知等来研究多样化的学习形态和教育需求。到智能多元化阶段，要求知识创新，开始进行知识构建、智慧创新、非对称·非结构的教育相关研究，使得教育技术开始在信息社会背景下开展协调学习的研究成为主流，今后将在基于社会文化学习观的影响下，通过各类教学和学习模式的研究，开展跨学科、多领域的教学技术研究和实践，使得教育技术向着智能多元化方向继续发展。

3.2 日本教育技术研究动向

3.2.1 日本教育工学会研究活动

日本教育工学学会（JSET：Japan Society for Educational Technology）成立于1984年，经过三十多年的发展，会员人数从成立初期的三百余名到目前的数千名，已成为日本最大规模、最为权威的教育技术领域学术团体。1984年开始每年九月举行全国大会、1999年开始每年一至两次合宿研究会、2000年

三 日本教育技术研究发展历程及动向

开始每年一次产学合作研讨会、2001 年开始每年一次专题研讨会以及不定期举行各类研究会、研修讲座等各类活动,并同其他相关领域,如媒体、人工智能、外语、信息处理等相关学术团体和企业进行联合研究和信息共享。

教育技术具体研究内容的变迁可以从该学会组织的各类研究会的主题上窥得一二,如表 9 所示,涵盖领域设计教育技术的各个方面,包括信息处理、人工智能、教育方法、媒介研究、学习环境、教学设计、教师培训、学习分析、系统研发等。而从年份来看,二十世纪八十年代为信息技术与教育方法为主,二十世纪九十年代以计算机辅助教学和学习环境设计为主,进入 2000 年后,则涉及教育理论、产官学合作、教科改革和教师培训等多个方面。另外,还紧跟信息技术发展轨迹,对日本教育产生了重大影响,教育技术的研究先改变了日本英语教育形态,使得日本英语教育大量采用新媒介和新技术,同时对日语在全世界范围的推广产生了重大影响,外语教育中 e-Learning 系统和多媒体教室应用快速普及。

1998 年前后开始《信息》科目的研究讨论,促进了日本政府将信息技术应用能力纳入高中阶段课程,小学和初中阶段也开始制定各类信息技术相关材料,尤其是在综合学习时间科目上,广泛采用信息技术开展教学实践,最后还促进了包括高等专门学校、专修学校、大学等高等教育阶段的学科设置,将信息技术教育纳入了必修或者选修课程。

表 9 日本教育工学会活动内容

年份	内容	联办机构
1986 年	信息处理、认知科学、人工智能、媒介研究、教育方法	电子通信学会
1987 年	学习环境、信息处理、人工智能、教育媒体、教育方法	电子信息通信学会、CAI 学会、
1988 年	学习环境、信息处理、认知科学、人工智能、媒介研究	
1989 年	教育方法、企业教育技术应用、媒介·教育方法、信息处理、认知科学、人工智能、学习环境	日本信息教育研究所
1990 年	认知科学、人工智能、信息处理、媒介教育、教育技术应用	中央信息教育研究所、计算机教育开发中心
1991 年	教育技术应用、教育方法、媒介教育、信息处理、智能 CAI、学习环境	中央信息教育研究所、大阪科学技术中心

续表

年份	内容	联办机构
1992年	媒介·学习环境、授课研究、信息处理、CAI·认知科学、企业教育、教育方法	
1993年	计算机教育应用、授课研究、教育评测、教育方法、教育媒介、学习环境	放送教育开发中心
1994年	教员培养、教师教育、信息处理、信息教育、教育方法	
1995年	计算机教育应用、信息教育、视频教育、教科教育、媒介应用、教员培养、教育媒体、学习环境	
1996年	新技术、学习环境、教育实践、信息教育与社会、授课研究、教育评测、媒介与教育技术	
1997年	多媒体和网络、教材开发、媒介应用、教育实践研究、新技术·认知·社会价值和教育、教育软件、互联网应用与教育	教育技术相关协会联合会议
1998年	日语教育、教材开发、多媒体应用、特殊教育、高中《信息》教科的教员培养、信息教育设计、大学教育改革	媒介教育开发中心
1999年	知识教育系统、新教科信息教育与评价、互联网教育应用、教师教育、授课研究、大学新网络学习环境、高校企业新技术教育	日本学术会议
2000年	下一代信息通信技术与教育应用、学校信息化与学习资源应用、多媒体·网络应用教育实践、教育系统开源化与高等教育改革、主体性学习教材开发和学习环境	媒介教育开发中心
2001年	信息技术与国际合作、产学合作、IT应用的教学实践和教员教育、新学习环境、信息教育与综合学习时间、综合学习时间与信息应用实践能力、残障者自立的技术应用	大阪公立学校共催组合
2002年	科学教育与工学教育、高等教育FD、亚洲ICT教育现状与课题、远程教育与协调学习的新学习环境设计、综合学习与评价、教育IT化与媒介素养、授课研究与教育评价、研究方法论	日本学术会议、文部科学省、OECD
2003年	地区共同体教育力、产学合作、信息教育与评价、学力低下与授课改善、社会构成主义下的教育、信息教育员研修与授课改革、学习环境设计方法与评价、教科教育改革	
2004年	信息教育课程与评价、综合学习时间预评价、教师资质开发、科学教育、教育信息化国际趋势、协调学习与e-Pedagogy	
2005年	产学合作、ICT应用与教育评价、e-Learning与信息教育、多样化远程教育实践与评价、学校改善·授课改善与教师教育、学力与授课时间、国际交流与教育技术	媒介教育开发中心
2006年	重视传播交流的教育实践与信息伦理教育、授课改善、科学传播与教育技术、儿童与媒介、教育信息化、学习理论与学习环境的扩张	日本科学未来馆
2007年	高等教育与e-Learning、Digital Contents的教育应用与授课设计、授课与媒介、地区教育力与信息教育	
2008年	教育系统·教材开发、学校图书馆与信息教育、语言能力培养授课设计、质性研究方法、本语教育、产学合作	

续表

年份	内容	联办机构
2009年	FD组织化·大学组织改革、ICT应用下授课研究与教师教育、教科教育、授课设计与管理、职业专业性	
2010年	FD、媒体应用与教育、学习环境、新时代学习评价、信息伦理教育、网络欺凌对策、职业专业性、教育实践应用的学习辅助系统	
2011年	地区合作与教育·学习环境、社会变革中教员培养和教师教育、教育工作者的实践知识与经验知识、ICT应用的非正式学习辅助、产学合作的未来学校、学校现场的支援	
2012年	e-Portfolio的应用与普及、教育系统实践应用、ICT应用FD、教育实践研究、信息伦理教育实践	
2013年	利用娱乐的教育、新时代学习评价、触摸终端应用、大学教育、教员研修设计与评价、未来学校、教育实践与授课改善、大学授课设计方法	
2014年	地区合作与教育实践、学校教育中Portfolio应用、思考能力评价、学习环境设计、ICT教育·学习、数字教材、大学授课设计、教师教育与授课研究	
2015年	学校教育能力提高的实践研究、学习方法支援、教师教育、教育信息化、应用先进设备的学习辅助系统研发与实践、人手一台信息终端应用、大学授课设计方法、学习支援环境与数据分析、对话的学习分析	
2016年	高等教育中教育方法·FD·IR、信息教育、学习环境、交互设计、协同学习、社会构成主义、Learning Commons学习设计、实践研究设计	

(1) 研究成果

为总结日本教育技术迄今为止的研究成果，近年来日本教育工学会集中一批权威学者编撰了教育工学系列丛书，预定分两期共出版23卷，如表10所示。从书名上可看出日本教育技术近年来的研究侧重点和学术领域的划分基准，第一期8卷以教育技术基础理论和研究为主，第二期15卷则注重新技术和新应用的研究分析。这批丛书总结了日本教育技术30年研究精华，对日本教育技术的发展历程、研究方法、教学实践等展开全方面的论述，参考日本教育技术领域权威学术杂志、期刊数据库、国家政策及公告、学科建设等内容，从学科建设、研究方法、系统研发、教学实践、课程研究、教育媒体、学习评价等多个维度逐步梳理日本教育技术的发展情况和趋势，尤其是针对当前研究前沿的新技术、新应用、新方法等进行综合分析，提出新的研究课题，进一步深化和扩展今后的研究方向。

表 10　教育工学系列丛书目录

卷号	书名	著者
第 1 期第 1 卷	教育技术学是何学问	坂元昂·冈本敏雄·永野和男
第 1 期第 2 卷	支持学习的教育技术学的开展	赤堀侃司·山西润一·大久保升
第 1 期第 3 卷	教育技术学研究方法	清水康敬·中山实·向后千春
第 1 期第 4 卷	教育技术学与系统开发	矢野米雄·平鸠宗
第 1 期第 5 卷	教育技术学中的教育实践研究	西之园晴夫·生田孝至·小柳和喜雄
第 1 期第 6 卷	授课研究与教育技术学	水越敏行·吉崎静夫·木原俊行·田口真奈
第 1 期第 7 卷	教育媒介的开发与应用	近藤勋·黑上晴夫·堀田龙也·野中阳一
第 1 期第 8 卷	教育技术学中的学习评价	永冈庆三·植野真臣·山内祐平
第 2 期第 1 卷	e-Learning 与 e-testing	赤仓贵子·柏原昭博
第 2 期第 2 卷	教育领域中的 e-Portfolio	森本康彦·永田智子·小川贺代·山川修
第 2 期第 3 卷	游戏与教育·学习	藤本彻·森田裕介
第 2 期第 4 卷	协调学习与 CSCL	加藤浩·望月俊男
第 2 期第 5 卷	学习设计	大岛纯·益川弘如
第 2 期第 6 卷	基于教育技术研究的高等教育改善	村上正行·田口真奈
第 2 期第 7 卷	非正式学习	山内祐平·山田政宽
第 2 期第 8 卷	信息教育与信息伦理教育	稻垣忠·中桥雄
第 2 期第 9 卷	初中教育中的 ICT 应用	高桥纯·寺岛浩介
第 2 期第 10 卷	基于教育技术方法的教师教育——支持和培养继续学习的教师	木原俊行·岛田希·寺岛浩介
第 2 期第 11 卷	课堂研究	小柳和喜雄
第 2 期第 12 卷	教育实践论文的教育技术学研究总结方法	吉崎静夫·村川雅弘
第 2 期第 13 卷	基于教育技术学研究论文审查的论文写作	清水康敬
第 2 期第 14 卷	大学课程改善与教育设计	松田岳志·根本淳子·铃木克明
第 2 期第 15 卷	职业人才教育与教育技术学	铃木克明·小柳中山实

该套教材第一期由日本教育工学会会长、前会长等第一代日本教育技术研究者主笔，第二期由第二代研究者主笔，成为日本教育技术界最为宝贵的成果，承前启后，对今后研究起着非常重要的指导作用。以《教育工学とはどんな学問か》一书为代表，对坂元昂（日本教育工学会创会会长，日本教

三 日本教育技术研究发展历程及动向

育技术学奠基人，未来大学前校长）、冈本敏雄（京都情报大学院大学教授、日本情报科教育学会会长）等学者的主要研究成果进行深入分析，从传统的教学辅助方法到如今独立的教育技术学科，围绕日本数十年教育技术学科发展的历程，针对日本学术界对教育技术的定义、范畴、研究方法、研究内容和特色等进行历时分析，并根据日本国家的教育改革和高等教育中学科建设的变迁，以及新兴学科和交叉学科在学科设置、培养方案、研究课题等内容进行深入探讨和分析。

日本教育技术研究方法主要以清水康敬（日本教育工学会前会长，东京工业大学董事、名誉教授）、中山实（日本教育工学会副会长，东京工业大学教授）、向后千春（早稻田大学教授）编著的《教育工学研究の方法》为基础，系统分析日本教育技术研究的方法论和研究现状，依次对调查研究法、定性研究法、研究开发的方法、教学法、实验研究、设计研究等各类方法进行分类描述和案例分析，重点对教育学、心理学、脑科学、信息科学等交叉学科的新研究方法进行阐述和总结。

日本教育技术研究非常重视实践应用，在教育信息系统研发上做出了极为瞩目的研究成果，以《教育工学とシステム開発》一书为例，著者矢野米雄（日本教育工学会前副会长，德岛大学校长助理、教授）和平嶋宗（广岛大学教授）均具有非常深厚的工学研究背景，两者均为工学博士，在教育系统开发方面有着大量的研究成果，并获得人工智能学会论文奖、IEEE论文奖等各类奖项。通过两位学者的研究综述分析，以模型驱动和技术驱动分别阐述教育系统开发方法和内容，尤其是在教学系统化的本体研究、基于OMNIBUS的课程设计、基于SMARTIES的学习指导方案、可视化设计、基于WEB的学习活动模型、数据挖掘和VR、AR等新型研发手段、技术标准化等进行综述。

在日本教学研究方面，由水越敏行（日本教育工学会前会长，大阪大学名誉教授）、吉崎静夫（日本女子大学教职教育开发中心所长、教授）、木原俊行（大阪教育大学教授）等学者所撰写的《授業研究と教育工学》极其具有代表性和指导性，主要对教学改善和教师能力培养提供各类教学研究的方法，有针对性地对教育技术相关的教学研究方面进行概念的梳理，对教学研究理论、ICT应用、教学改革、媒介教育、日本学力调查与分析等内容。而西之园晴夫（日本前教育工学会前副会长，佛教大学教授、学习开发研究所所长）、生田孝至（日本教育媒体学会会长，新潟大学前副校长）、小柳和喜雄（日本教育媒体学会副会长，奈良教育大学校长助理，教授）等学者编著的《教育工学における教育実践研究》一书则立足于教学实践研究，从自身、他人、实践和研究者协同研究的三个角度来阐述教育实践研究的方法和案例，对初中等教育、高等教育以及硕博等各阶段的教育实践研究方法、课程反馈、授课模型、成人教育、职业教育、教师教育、教务行政实践等各方面做出总结和评述，不仅有着教学理论的指导，也有教学实践和系统研发的实际经验总结。

同时，日本教育媒介是一个比较特殊的交叉学科研究领域，不同于国内对新闻传播研究领域对媒介的认识，由近藤勋（日本教育工学会前副会长）、黑上晴夫（日本教育媒体学会会长）、堀田龙也（日本教育工学协会前会长）、野中阳一等学者合著的《教育メディアの開発と活用》一书，深入解释日本学术界对媒介（Media）的内涵和外延，并分析了教育媒体的定义、功能、测定和评价等内容，通过学校教育中教育媒体的实际研发和应用案例进行分析和阐述，说明媒介对教育的利弊，分析教育媒介的发展历程、理论知识、特征与分类、教育应用案例等，为今后的教育媒介应用提供相关理论指导和实践依据。

为应对新时代学习的需要，日本教育技术界开展了诸多学习评价研究，其中作为代表性的《教育工学における学習評価》一书主要对信息时代下学习评价的特点和内容进行了深入分析，著者永冈庆三（日本教育工学会前副会长、早稻田大学教授）、植野真臣（电气通信大学教授）、山内祐平（东京大学教授）在信息化革命下新的学习形态、理论模型、评价方法等方面做出了非常有价值的论证。主要通过探析学习理论与评价理论的变迁、自然语言处理、数据挖掘、e-Test、e-Portfolio、学习评价的生理指标、数据解析方法、

三 日本教育技术研究发展历程及动向

教材及课程的开发与评价等内容，提出新时代下学习评价研究的重要课题和研究发展方向。

（2）SIG 概述

日本教育工学会 SIG（Special Interest Group）于 2014 年开始筹备，2015 年正式设立，主要目的在于探究新技术所带来的新课题，方便各领域的专业研究人员集中进行专业化讨论，展开各类前沿领域的实践研究。经过两年多的发展，由当初的 6 个发展到 11 个（表 11），这些研究成果来源于日本最优秀的教育技术研究者和一线教育工作者，通过对 SIG 的研究的分析将有利于掌握日本研究前沿动向，成为扩展新研究领域的重要参考。

表 11　各 SIG 概要

高等教育和 FD	大学教育改善、高等教育国家政策、教师信息技术能力培养等
教师教育和实践研究	教师学习方法、实践研究案例和方法、教师职业化教育、组织人事
教育和学习支援系统的开发·实践	系统开发、技术模型、功能设计、系统实践、系统评价、新技术应用等
教育信息化	ICT 环境、信息终端教育应用方法研究、信息伦理教育、主动学习、学习环境设计、信息化教育实践
游戏学习和开放教育	游戏学习设计、游戏研究、开放教育、OER、MOOC、在线教育、学习共同体
协调学习和学习科学	协调学习支援工具和方法、学习科学课程设计和学习评价、设计研究实践
教育设计	教育设计理论和模型，教育活动的效果研究、ARCS 模型等
媒介素养和媒介教育	媒介教育方法、媒介素养、媒介理论、媒介应用实践
质性研究	教育技术研究方法、学习理论、学习分析、数据挖掘、系统设计等
Competency Standard 与能力评价手法开发	教育课程标准、学力测试、课程设计、教学指导方针、教育政策研究、逆向设计理论等
信息教育	信息教育方法和教学内容、信息素养的培养和研究、信息科目的理解和实践

"高等教育和 FD"（Faculty Development）SIG 源于 2007 年分科会，在 2009 年第二十五届全国大会上设置了"高等教育和 FD 的研究领域"专题，随后相关研究成果逐年递增，再加上自 2008 年开始日本教育工学会开始面向大学教员实施 FD 研修会，开展各类基于教学设计的课程设计和教育方法的培训和学术交流，2012 年专门出版了《大学教育改善·FD》的论文特刊，由此

高等教育与 FD 结合在一起成为新的研究小组，主要研究各类高等教育机构的教学质量、教育制度、国家政策以及教师信息技术能力等内容。2015 年该 SIG 组织第一次研究会，以开展 Workshop 的方式讨论如何"计划大学教育研究"，2016 年则以研究方法为主题，开展问卷调查法等分析方法的研究。

"教师教育和实践研究"SIG 主要就教师资格培训、教师能力培训、教师进修、教学实践分析等方面展开研究，旨在为教学实践者和研究者之间建立良好的研究沟通平台。教师培训和课程开发的研究内容包括大学课程开发、培养知识体系的课程开发、各科目中特定知识和技能的课程开发三个部分。主管教师资质的日本文部省也根据实际情况在不断改变教员培养政策，同时日本各个大学也设置有自己的教师资格认定标准和培训要求，包括课堂教学指导能力、问题解决能力等。该 SIG 的设置可以为校内教师提供相互学习的研修环境，开发和研究各类教学方法、辅助工具以及分析评价方法，以促进研究和实践的共同发展，在教学实践中建立"反省—改善"的良性循环，与实践教员交换教学实践心得，与研究者开展共同研究，建立研究合作关系。2015 年开始不定期召开研究会，主题以"教师与其他职业人员异同""专业人士学习中的经验""教师学习和实践研究""促进教师学习的环境和人事"等为主。

"教育和学习支援系统开发·实践"SIG 主要以教育辅助系统开发、技术模型、功能设计、系统实践、系统评价、新技术应用等为主要研究内容。从发展历程上来看，系统开发从"计算机技术的教育应用""移动终端·计算机的教育应用"扩展到"新技术媒体应用教育支援系统"等，现今主要研究内容包括远程教育系统、以辅助教师和学生信息加工的学习系统、教务系统、考试评测系统等，从 2015 年开始每年组织三次左右相关研究会，开展各类学术交流活动。

"教育信息化"SIG 的成立主要与文部科学省的教育信息化政策有关，日本文部科学省制定的"教育情报化入门"和"教育情报化未来方向"中主要包括教科指导的 ICT 应用、信息教育的推进、校务办公信息化等三个部分。

三 日本教育技术研究发展历程及动向

该 SIG 研究则主要就这些内容进行探讨，包括移动终端、电子黑板、电子教科书等信息技术的应用和教学环境研究、信息伦理教育、主动学习和教育实践等。自 2015 年开始举办各类专题研讨会，如教育信息化的未来、ICT 与儿童学习、学生网络使用的教育实践、触摸终端应用下的新学习、信息伦理教育、主动学习和学习环境设计等。

"游戏学习和开放教育" SIG 包括游戏学习和开放教育两个部分，前者主要包括游戏的教育利用研究和游戏教材的开发，情景模拟教育等，后者包括开放教育资源、在线教育模式、翻转教学、大数据分析，如 OER（Open Educational Resources）、OCW（Open Course Ware）、MOOC 等。

"协调学习和学习科学" SIG 主要研究协调学习支援工具和方法、学习科学课程设计和学习评价、设计研究实践等内容。"协调学习"也称协作学习，以交互性的学习方式为主在多个学习者之间进行意见交流，合作解决课题，类似词汇还有协同学习等，以"知识由社会团体共同建构而成"这一理念为基础，注重学习过程中的合作和交流，体现团队知识创造和知识重构。该 SIG 从协调学习出发，着重研究教育方法论、教学实践等内容，比如协作学习中对话研究、协作学习课堂、DBIR（Design-Based Implement Research）等。

"教育设计" SIG 主要进行有关 ID（Instructional Design）的研究，为提高教育活动效果、效率、魅力等，采用各类手法进行范式研究，开展学习环境，注重教学过程和应用，以 ID 理论、ARCS 模型为研究对象，在学校教育、企业教育、成人教育、非正式学习、游戏学习、开放教育等方面开展教育设计理论、教育模型、教育效果研究等方面的研究。

"媒介素养和媒介教育" SIG 集合大学研究者、中小学教育工作者、广播电视从业人员、新闻工作者、出版行业等各类相关人员，开展媒介教育方法和实践、媒介素养、媒介理论等研究，不同于其他 SIG，媒介素养和媒介教育对于校外的媒介应用、传播媒体、社会舆论、新闻出版等领域也有交叉之处。

"质性研究" SIG 主要研究教育和学习过程中的过程和相互作用，采取定性的研究方法，进行数据收集和分析，通过学习分析、文本分析、数据挖掘等手段对各类教学方法和 ICT 应用进行效果评价，通过这类研究达到解析认知过程，进行理论构建，进而推动教育设计、系统设计、学习环境设计等，还包括 KJ 法、GT（Grounded Theory）、碳化分析、Life Story、Ethnography、Ethnomethodology、Open Coding、TEM（Trajectory equifinality modeling）等。

"Competency Standard 与能力评价手法开发"SIG 主要就多科目教学课程设置标准、能力评价标价等开展讨论，研究内容包括教育政策、课程设计标准、学力测试、教学指导方针、教育政策研究、逆向设计理论等，提出 Competency 培养和评价的学习模型，采用游戏方式开展教学指导和评价，利用 ICT 进行教育指导。

"信息教育"SIG 与教育信息化和 ICT 应用的研究目标不同，注重于信息技术知识、信息技术应用、信息分析和理解的能力、信息伦理和信息教科的相关研究，包括信息教育方法和教学内容、信息素养的培养和教材制定、信息科目的内容构成和教学方法、信息伦理与安全等内容。

除上述 SIG 外，日本教育工学会将根据会员要求和研究实际情况随时进行调整，2016 年就增加了数个 SIG，以随时应对实际的教育实践和研究的情况变化，这对于日本教育学术界来说是一个重大的创举，创造了一个学术信息交流的平台，每个 SIG 基本上聚集了该领域的主要研究学者，代表着日本教育技术界最新的研究动向，今后 SIG 的研究将会有更多的新进展，值得继续关注。

3.2.2 研究现状分析

日本教育工学会成立三十周年之际，第 30 届全国大会（JSET2014）于 2014 年 9 月 19 日至 21 日在岐阜大学举行。其后，第 31 届全国大会（JSET2015）于 2015 年 9 月 21 日至 23 日在日本电气通信大学举行，第 32 届全国大会（JSET2016）于 2016 年 9 月 17 日至 19 日在大阪大学举行。其中，第 30 届正式成立 SIG，非常具有代表性。

三 日本教育技术研究发展历程及动向

另外,日本教育工学会作为日本最大规模的教育技术领域学术团体,其出版的《日本教育工学论文志》也代表着日本的学术研究水准,通过分析近期研究内容,对日本最近的研究内容和关注重点进行梳理,并对今后研究的课题会起到非常重要的引导作用。

(1) 第30届全国大会概要

大会以"日本教育工学过去和未来——回顾30年"为主要议题,彰显教育工学在教育领域中的重要地位与作用。教育工学正逐步改变教与学的方式,为教育不断带来技术和方法的创新,更推动了教育理念和模式的创新。大会共分为四大部分,包括30周年专题报告会、Workshop研习会,SIG集会,一般研究发表(口头发表和Poster发表)。大会邀请中国教育技术协会(CAET: China association of Educational technology)、韩国教育技术学会(KSET: Korea society of educational technology)以及美国教育信息技术协会(AECT: The Association for Educational Communications and Technology)相关主要研究成员做主题演讲,介绍各国教育技术研究的发展现状,共享在不同教育制度下的教育工学研究成果,互相借鉴学习。会议共收到论文稿件四百余篇,会议上主要通过口头报告、海报展示等形式进行交流和讨论,有来自日本上百所高等院校、科研机构、中小学校的研究者参加会议,与会人数达千人,为历年最大规模。

①主题报告

学会长山西润一教授在题为"以解决现代教育课题为己任的教育工学"报告中介绍了日本教育工学这三十年以来的发展历程以及对教育工学未来发展前景的展望,并指出,教育工学的研究是以解决教育现场中存在的课题,以及信息道德、学力问题等社会存在的课题为出发点,整合教育学、心理学、社会学、人间科学、统计学、生理学、系统科学电信通信工学、信息工学等学科领域,旨在促进教育和学习行为,实现教育最优化。日本的教育政策法规,比如2001年IT基本法的E-Japan战略、2006年的IT新改革战略、2008

年和 2013 年的教育振兴基本计划、2011 年阶段性小中高中学校全面实施的新学习指导要领等，体现了这 30 年中以 ICT 应用为中心的教育情报化所带来的深远影响。2010 年开始"未来学校推进事业""学习革新事业""培养儿童的信息活用能力和 21 世纪所需技能实证事业"中解决和发现了一批课题，为教育技术信息化起到了良好的带头示范作用，同时为了保证高等教育质量，2008 年日本各大学开展 FD（Faculty Development）义务化工作。在日本政府的第二期教育振兴计划中，积极引入 MOOC 和主动学习等教学实践，推进大学教育质的改变。此外，该报告指出日本教育工学学会加强与国际各国的交流合作，共享各国教育工学研究事业信息，探索国际携手解决课题的可能性。在中日教育技术领域，从东京学艺大学井上光洋教授于 1986 年"中日教育工学合作事业（1986—1990）"开始，到 2005 年开始的中日教育技术学研讨会，极大促进了中日的学术交流。同时，韩国教育技术学会也积极与中日之间开展各类学术交流活动，尤其是韩国教育工学会与日本教育媒体学会共同开展 ICoME 的国际会议，刊发学术杂志和英文论文专栏，为中日韩教育技术研究起到了良好的示范性作用。

作为会议国际化的主题议程，首先由中国教育技术协会常务理事董玉琦教授介绍了中国教育技术协会的构成和发展沿革，回顾了这 30 年中日教育技术合作交流事业，综述了目前中国教育技术学研究的现状和课题。与日本项目申请和管理方式不同，中国教育基金会管理项目审批，教育信息技术学科成为独立可申请的一门学科，每年从中国教育部获得约 30 个研究项目。除此以外，教育部人文社会科学项目和地方教育科学计划项目一级教育信息科研究专属项目等为教育技术学研究提供研究经费支持。基础教育信息化项目是中国教育技术学研究的重要组成部分之一，包括小学、中学、高中的学校信息技术课研究，课堂 ICT 活用，教学管理信息化等。随后，韩国教育技术学会会长 Insook Lee 教授以"国际教育工学共同体的生态合作"为主题，介绍了韩国教育工学学会的发展宗旨、使命以及推进国际合作所作出的努力。KSET 立足于教学理论策略及信息技术应用的相关研究，通过教育工学的研究推进

三 日本教育技术研究发展历程及动向

信息和技术在教育中的应用，优化学校教育。Lee 教授指出当前教育工学国际合作研究中存在的问题，提出国际教育工学组织"生态合作"的理念和建议，如成立国际性附属机构，创立国际合作研究项目等。最后，美国教育信息技术协会会长 Stephen W. Harmon 教授以"AECT、JSET 和教育工学缩小的世界"为题，介绍了 AECT 的发展进程和国际研究合作。AECT 通过技术促进学习和绩效，从最初的可视通信发展到基于跨领域跨学科的教育和培训视角的多方面系统，在积极探索新技术应用过程中，始终贯彻利用新兴技术提高人类环境的宗旨。

②专题讨论会

专题讨论会即 Workshop，主要通过主题设置，将参与者分成不同的小组，通过协同作业、角色扮演、程序学习、头脑风暴等各种方式完成指定课题，目的是让参与者体验相关研究的实践效果或直接成为研究实验对象，互相交换意见和分享研究经验，是日本各类会议的主要研修和实践方式。在全国大会召开前数月，会议组就开始征集 Workshop 议题，此界共设七个 Workshop，主要课题包括：网络欺凌 (Cyberbullying) 问题研讨、创新学习评价、个人学习过程分析、学习共享空间的运营和研究、程序教育中的地区合作、授课研究和教师职能的发展间的关联、基于触摸型思考辅助工具的集散型协作活动设计、教材的现实性和虚构性。

其中，网络欺凌 (Cyberbullying) 指的是利用 SNS、手机短信、电子邮件、网站和网上论坛等发布对他人的恶意信息，主要以匿名、诽谤、反复、恶意等形态为主，在日本随着手机等移动设备的普及和社交媒介的流行，网络欺凌成为学校教育突出的问题之一，比普通的日常人身或语言欺凌要更加隐蔽、更为复杂、更为随意，例如，2013 年东京都教育委员会调查报告，以东京都内公立学校 9 300 名学生为调查对象，结果显示曾经受到被网络欺凌的被调查者近半数不会选择与他人商量，甚至七成以上回答若与他人商量只会导致事态更加恶化，而半数以上则认为商量也无济于事，说明对于信息伦理的解决办法和意识程度很低，而且找不到合适的商量对象，对此教师和家长也难以掌握具体情况，很难进行适当的指导。专题讨论会则以解决网络欺凌问题为目的，开展具体讨论，提出个人见解，并预测教学效果。

在创新学习评价 Workshop 上，通过大学研究者和中小学教师，就中学校教育实践进行案例分析。以 2014 年 6 月伊东市立冬小学教学案例分析为例，小学六年级开展"排列组合"教学实践课程时间，通过触摸终端学生探索排列和组合的含义及区别，以 Jigsaw 法展开教学实践，最后通过话语分析来研究个人学习过程中的学习效果和满意程度，探讨教学设计指标和创新学习的评价方法。

学习共享空间（Learning Commons）指的是在图书馆、教学楼等校园内设置综合性的自主学习空间，除配备 ICT 设备、书籍、可活动桌椅外，还提供辅导教员、小组讨论、活动展示、休闲餐饮等各类服务或功能。在日本主要是运用于图书馆，由于日本的大学几乎没有学习辅助类的组织或者专任辅导教员，大部分自主学习都是由学生自己通过图书馆或者资料室来进行学习，而学生若需要利用网络、计算机、打印机等 ICT 设备，或者进行兴趣小组讨论、专题报告等都得去借用普通的教室，手续复杂且受到设备使用的局限，也没有特定的组织或老师来帮助学生解决这些问题。因此，日本大学校园内主要以图书馆为中心，设置学习共享空间，对学生活动和学习开展各类辅助性工作，这对学习共同体的形成、职业教育和社会衔接、师生互动、信息共享等起到了很好的作用。通过专题讨论会，以分组讨论、小组发表的形式，对学习共享空间的运营、管理现状、创新和课题等进行探讨，指出除提供必要的设备和人手支出外，还需要加强组织管理和日常专业教学的配合，对学生课外活动时间也应开展论文写作、读书指导、小组讨论、信息技术应用等方面的辅助。

日本各地开展面向中小学生的"创客"学习、职业体验学习、手工制造和程序设计学习等活动，如乐高、Scratch、Cricket 等，旨在培养学生实践动手能力、抽象逻辑思维能力、创新思维能力。通过程序教育设计 Workshop，让参与者体验程序设计和实践的乐趣，并从学习成果物来对教学过程和知识理解程度进行评价。

三 日本教育技术研究发展历程及动向

其他的课题,例如讨论课题教学与教师职业的相关性、基于 App 应用的集散型学习活动、电子教材设计与制作等等,通过实践操作、实验参与、小组讨论等多种方式从不同角度对教育技术应用的各领域进行的学术交流和探讨。

③研究内容分析

会议对投稿论文共设二十三个主题,包括 ICT 支援下的语言教育、信息教育(信息活用能力的育成)、信息道德、教科指导的 ICT 活用、教育媒体和媒体能力、教师教育、特别支援教育、终身学习、数字化学习与企业培训、看护和福祉教育、教育评价及数据分析、课堂研究、教学设计和实践、高等教育的教育方法和 FD、教育软件的开发和评价、学习内容开发和评价、e-learning 及远程教育和学习、知能学习支援系统、认知和学习、e-Portfolio、协作学习和 Workshop、社会性媒体的应用和评价、国际交流。

从研究对象来看,主要有初中等教育、高等教育、社会教育三大类。初中等教育以小学、初中、高中等为对象,在教员 ICT 技能能力培养、课程设计和教学方法、外语教育和国际交流、电子教材和教学辅助系统开发、学习环境设计和实践等方面开展各类讨论。如表 12 所示部分研究内容,包括利用触摸终端进行小学体育课程的教学、初中技术科目上编程测量和控制、STEM 教育课程设计模型、利用 Moodle 进行学习信息共享、采用 portfolio 进行英语教学辅助、《社会与信息》教材内容的实践和反思、利用 APP 和平板电脑等开展移动学习,还对文部科学省的《学习指导要领》进行实证研究,例如思维模式、教学内容、政策导向等,同时在娱乐性、可视化、虚拟化等方面开展实践研究,如 AR 教材、游戏 app、卡片学习、动画或视频讲座等。

表 12 初中等教育部分研究案例

研究领域	研究主题
电子教材、学习资源开发	以儿童为对象的学习资源 Usability Testing
	以初中生为对象设计大数据分析教学课程
	日语汉字笔画学习软件研发
	AR 天文学习系统研究
	日语自由作文中句型使用方法的自动辨别功能研究

续表

研究领域	研究主题
授课设计与实践	利用AR海报进行修学旅行自主研究成果展示
	利用虚拟生物开展生物教育教材研发
	基于计算机程序的测量·控制学习的生活应用能力实践
	利用机器人开展社会和算术科目的教学设计
ICT应用	利用平板电脑开展学科教学
	小学理科课堂中触摸终端人手一台与小组一台的学习行为比较分析
	iPad与校内SNS结合应用下的钢琴学习者自主学习研究
	应用Moodle与平板电脑辅助小学生学习成果共享和知识理解效果
	利用电视会议系统开展三所小学间交流学习实践与课题
	利用AR技术进行金星3D展示天文教学
	基于日本鼓错误提示系统的音律学习

高等教育以专门学校、大学、研究院等为对象，比初中等教育的研究领域更广，系统和实践难度也随之加大，表13中列出了部分研究案例，主要采用e-Learning、系统开发、学习分析、教学资源研发、适应性学习和主动学习等技术或方法等，如基于云服务的系统应用和FD教材开发、利用MDLS（Mobile application for Dynamic Listening and Speaking method）进行英语自学法、利用Google Apps的大学信息系统构筑、基于Learning Commons的主动学习辅助教育、利用Facebook进行视频制作和共享、LAD（Latent Dirichlet Allocation）课程设计研究、基于MOOC的翻转学习研究等。还关注到ICT技术应用所产生的社会性、心理性等问题，如Twitter上个人行为分析和社会认知的相关性研究、SNS造成的使用风险和意识调查。由于日本主要把教师培养置于高等教育领域，因此在FD、信息技术培训、教师资格考试等内容也多有讨论，如大学教师FD研讨会形式和效果、利用视频会议系统开展远程教师交流、美日国际教育教育动向比较研究、培训学校教师培养等。

表13 高等教育部分研究案例

研究领域	研究主题
教师教育	能力开发型教员评价系统
	教师资格证培训课程与多语言教育
	基于教龄分类的教员常用词汇差异分析
	以促进大学改革为目的的技术教员主动学习研修实践

续表

研究领域	研究主题
ICT 应用	基于云服务的教育应用研究与 FD 教材开发
	岛根大学的教学 IR 基盘系统实践
	基于 LDA 的课程设计与课题研究
	利用 KETpic 开展作图编程实践
	基于社交媒体认证程序的实习项目设计
教学研究	利用概念地图进行大学低年级职业教育尝试
	以研究生为对象的翻转学习课程研修项目
	大学生信息伦理意识的元认知能力的影响与变化
	大学生主动学习的课程分组实践
	基于小论文发表中语言活动与思考过程的分析

社会教育主要以成人教育、企业培训、开放教育等内容为主，如表 14 所示，研究内容更加偏重于职业能力培养、社会文化认知、产品开发与商业化应用、地区信息技术教育等方面，如培养商品开发能力的学习环境设计、信息技术志愿者培训讲座、地区经济与安全卫生在线调查报告、免费公开课与信息教育讲座等内容。

表 14 社会教育部分研究案例

研究领域	研究主题
成人教育	外部正式学习的学会认知与职业能力开发
	电子版成人学习职业手册的应用评价
	产学合作下商品开发时学习环境设计
	采用主动学习的信息技术志愿者培训讲座设计
	地区在线报告调查
	地区社会中信息教育培训讲座
	地区体验性学习研究

（2）《日本教育工学论文志》研究内容分析

《日本教育工学论文志》是日本教育工学会出版的学术杂志，每年出版正刊 4 期和增刊 1 期，外加英文期刊《Educational Technology Research》1 期。论文类别如表 15 所示，主要分为论文（Paper）、教育系统开发论文（Paper on Educational System Development）、教育实践研究论文（Paper on Educational Practice Research）、资料（Technical Information）、短篇论文（short letter）、寄书（Short Note）、展望·总述（Review）、英译论文（Translation）等。其中，论文为最主要的类别，一般以教育技术学相关的独创性研究成果、新研究方法或结果等严谨客观论证的内容；教育系统开发论文则偏重于信息技术的研发，以教育改善为目的的教育系统研发，探讨系统功能和技术等内容；教育实践研究论文偏重于研究方法、辅助工具要发、要因分析、实践改善或学习环境建构、教育实践能力等内容；资料则以研究相关的材料、实践报告、调查分析报告、教育资源开发等为主；短篇论文是专为增刊设定的篇幅不长的论文类别，涵盖内容并无具体要求；寄书主要以有关教育技术的新尝试和结果、意见和提议；展望则以综合性体系化的论文为主，总说则以某个特定主题向该领域非专业人士简明扼要介绍和解释为主；英译论文则要求必须是已刊载的论文、教育系统开发论文、教育实践研究论文类别中翻译为英文，而非编著或独创。

表 15 论文类别及特点

类别	内容	篇幅
论文	即论著，一般性的研究论文	8 页以上
教育系统开发论文	系统开发、系统模型等相关论文	8 页以上
教育实践研究论文	教学实践、学习环境设计等相关论文	8 页以上
资料	研究资料、实践或调研报告、教育资源开发等	8 页以上
短篇论文	实践研究成果、研究方法等	4 页
提议	新尝试、意见、提议或讨论等	6 页
展望·总说	综合性体系化的总结或综述	无具体标准
英译论文	翻译已刊载的日文论文为英文	无具体标准

根据日本最大的综合电子期刊平台 J-Stage（由日本科学技术振兴机构运营的综合学术电子杂志）的统计显示，以电子方式收录了 2004 年到 2016 年《日本教育工学会论文志》全文，从 28 卷至 40 卷（Vol.28-40）为每年一卷，每卷分为 1 到 4 期（No.1-4），加上增刊 (No.Suppl.)，每期为 4 至 6 篇，以 2015 年度内容为例具体分析如下。

三 日本教育技术研究发展历程及动向

表16 2015年度刊载内容

类别	日文题名	期号
论文	大学院生版アカデミック・ポートフォリオの開発	No.1
	構成主義的学習におけるルーブリックの活用方法が学習者に与える影響分析—目標志向性,学習観,動機づけ,学習方略,学習課題成績に着目して—	No.2
	過疎地域におけるサービス・ラーニング受け入れに関する研究	No.2
	教師の経験学習を構成する要因のモデル化	No.3
	教員養成学部に所属する教科教育法担当教員の授業イメージ—教科専門担当教員との違いを踏まえて—	No.3
	学校における実践研究の発展要因の構造に関するモデルの開発—「専門的な学習共同体」の発展に関する知見を参照して—	No.3
	批判的思考スキルによるタイプ分けと各タイプの学生の教育・学習経験の各スキルに与える影響の分析	No.4
	長期の協調学習において協調的議論はどのように生まれるのか	No.4
	大きさの比較課題の正答率と判断方略の年齢による変化	No.4
教育実践研究论文	高等学校化学における批判的思考態度の育成に関する研究—論証の枠組みに着目した指導を通して—	No.1
	凸レンズが作る像の規則性の理解を促すAR教材の開発と評価	No.1
	家庭における視聴ログとノート作成に着目した反転授業の分析	No.2
	異なる教科の教員同士による授業開発の事例研究	No.3
	教師の専門職的アカウンタビリティに関する研究—小学校の体育授業における保護者との合意形成に向けた連携に着目して—	No.3
	1年次における教員志望学生の授業観察力量を向上させるためのカリキュラムデザイン	No.3
	教職実践演習の到達目標の達成を目指したICT活用によるカリキュラムデザインと評価	No.3
	デザイン研究を用いたエビデンスに基づく授業研究の実践と提案	No.3
	協同学習の基本技法を用いた数学授業における生徒の協同作業に対する認識の変容	No.4
	教職eポートフォリオの活用による教育実習生の自己評価および相互コメントの効果	No.3
资料	大学生の地域社会への責任感尺度の作成	No.1
	事前の自主的学習活動と自己効力感が,教育実習達成,教育実習充実度および教職に就くことへの確信に及ぼす影響	No.1
	1年間を通したインターネット依存改善のための教育実践による生徒の依存傾向の経時的変容	No.1
	日中研究協力・交流の経緯と今後の展望	No.2
	現職研修を対象としたメンタリング研究における日本教育工学会の研究成果の位置	No.3
	授業中にジョイント・アテンションはどのように機能しているか 教室空間における共同行為としての会話を分析する試み	No.4

续表

类别	日文题名	期号
寄書	発達障害児（者）へのICT機器活用の基本的視座 — ICTでしかねらえない学習や発達の成果とは何か？—	No.2
総説	教員養成・現職研修への教育工学的アプローチの成果と課題	No.3

2015年度刊载文章如表16所示，按类别统计，论文共计9篇，教育实践研究论文为10篇，资料为6篇，寄书和总说各1篇。与2014年和2013年相比，论文总数基本相同，但缺少了教育系统开发论文，仅有论文和教育实践研究论文两类。

从内容上来看，论文和教育实践研究论文均涉及信息技术的应用与实践，特点在于运用实践数据分析论证，这也是日本教育技术论文的主要特点。以ICT应用为主的内容主要有e-Portfolio、e-Learning、AR教材、ICT课程设计、教学辅助系统开发等，是以学习履历记录和学习分析为主的相关系统开发，主要讨论了学习过程中的各类要素的数字化记录和相关分析方法，验证学习效果的可能性和有效性。如《教職eポートフォリオの活用による教育実習生の自己評価および相互コメントの効果》采用e-Portfolio教职学习辅助系统辅助学生进行教师资格考试相关知识的综合性学习，以希望获得教师资格证的大学生为对象，进行为期数个月的听课学习，对《教育臨床入门》《教育実习事前事后指导》《教育実习I》和《教职实践演习》等多个科目进行学习过程记录，如图16所示，分析学生课堂学习内容、自我评价、学习交流情况和教师指导情况，统计分析结果发现具有一定学习效果，有利于促进相互交流，能帮助教师掌握学生学习具体情况。

三 日本教育技术研究发展历程及动向

图 16　e-Portfolio 教职学习辅助系统界面

在教材开发方面，如《凸レンズが作る像の規則性の理解を促すAR教材の開発と評価》一文中以 AR 手法开发理科教材，解释凸镜图像变换原理和规则的内容，创新性地将 AR 技术应用于教科教学当中，实验采用与实物光学平台和凸镜对光源进行试验，同时在放置一台显示屏显示 VR 系统实时模拟的光源变化情况（图17）。具体来说，AR 系统采用 Processing 编程，以 Windows7 作为运行环境，通过摄像头拍摄和识别由 LED 所发射光源和凸镜，导入到系统中，排除现实情况中各类影响元素，并对光源方向、变化形态等难以用肉眼清晰判断的内容做出虚拟展示。再以初中145名学生进行分组实验，对分组实验的学习情况分析结果显示，学生对采用 AR 系统的实验过程促进了对光学规则的理解，作图能力得到提升。

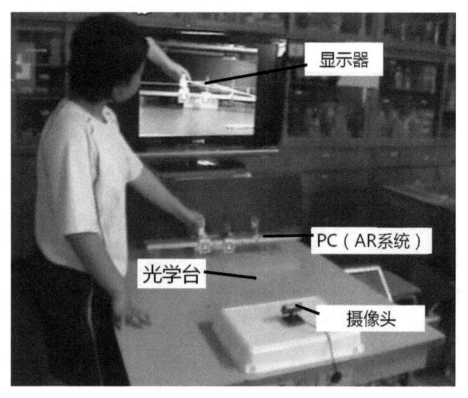

图 17　AR 辅助实验示意图

此外，还有涉及理论分析的研究，如构成主义学习方法、教师经验学习要因分析及模型构建、实践研究模型开发、教学经验分析、协调学习理论、翻转学习等，突出体现了当前以实践推动理论发展的特征，并非单一从纯理论批评或模型构建上描述，而是以详实的实践统计分析着手，对理论或模型进行分析和总结。如《教師の経験学習を構成する要因のモデル化》通过深度访谈构建教师经验学习模型，如图18，分析教师个人学习的内部自省环境与他人交流后团队外部环境的交互性影响，考察教师在指导学生过程中个人经验的变化，并希望通过模型说明交互型教师经验交流更有利于思维的转换，促进教师学习共同体的形成，对培养教师教学能力有促进作用，再通过实证研究以多名教师为案例分析对象，进行模型的实证分析。

三 日本教育技术研究发展历程及动向

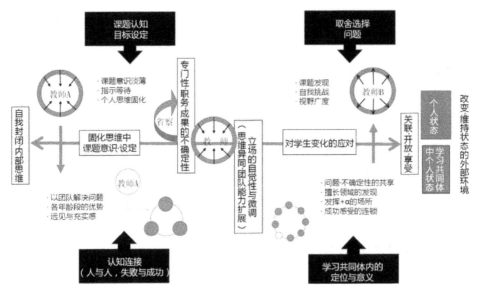

图18 教师经验学习流程模型

在资料类别中,多数可见调查报告、研究报告等内容,如通过对大学生进行调查问卷统计社会三阶段责任感的尺度、以教育实习生为对象调查教育实习的具体情况、调查高中生网络使用情况。其中《日中研究協力・交流の経緯と今後の展望》特别对中日研究学术交流具体情况进行了梳理,将中日教育技术学术交流的发展历程做了分析和展望,将发展历程分为三个阶段(表17),1980年至1995年为第一阶段,1995年至2005年为第二阶段,2005年后至今为第三阶段。

表17 中日教育技术交流历程

	特点和内容
第一阶段黎明期 1980年至1995年	受中国现代化政策推动,进行翻译出版、调查报告、研讨会、研修会等为主的学术交流,日理科教育协力事业五年计划实施
第二阶段雌伏期 1995年至2005年	日本学者赴中国进行授课等,相关研究在中国学术期刊连载,中国电化教育协会等组织会议等
第三阶段稳定期 2005年至今	JSET和CAET联合举办日中论坛,开展有组织的定期学术交流,各类学术会议、人才联合培养等

第一阶段黎明期以中国"文化大革命"后"四个现代化政策"提出为背景,积极推动科学技术的人才引进和新知识新技术的交流,同时代的日本作为教

育技术的第二阶段融合发展阶段,诸多第一代日本教育技术奠基人物,如坂元昂、井上光洋等的学术专著被翻译介绍到中国,为中国当时电化教育提供了理论和实践的指导,并有一批日本学者受邀前往中国访学讲座,奠定了中日教育技术领域的学术交流基础。1985年至1989年,日本国际协力事业团(现为日本国际协力事业机构,JICA:Japan International Cooperation Agency)进行了为期五年的"中日理科教育协力事业",每年由日本定期派遣学术团队至中国开展教师教育、媒体教育及信息教育等领域的学术交流和研修授课。其后,1991年至1992年开展为期两年的中日"中等教育协力事业",为中日高中教员为主的成员提供了交流和研修方面的机会。

第二阶段雌伏期则以中国改革开放后经济复苏,高等教育改革为背景,1991年中国电化教育协会成立,同时中国的师范大学开始设立相关学科和硕博点,1995年开始日本教育技术相关研究论文在中国《电化教育》期刊上连载,日本学者受聘为中国方面大学客座教授,以定期访问、学术讲座、课程共建等形式,开展长期深入的合作和交流,

第三阶段稳定期以2005年JSET(日本教育工学会)与CAET(中国教育技术协会,China Association for Educational Technology)联合举办第一届中日论坛为契机,开始了两国学会间有组织的学术交流。同期,从日本学成归国的中国新一代教育技术学者回国执教,更是极大推动了中日间的学术交流。此后2007年、2009年、2012年和2015年继续召开了中日教育技术论坛,作为中日学术交流的成果,日本的教育技术,包括欧美教育技术相关信息经由日本传递至中国,同一文化背景和高层次人才共同培养下,极大地促进了两国间的学术文化交流,在信息技术、教学方法、媒介教育、教师培养等各方面取得了诸多成果。

综上所述,《日本教育工学论文志》不仅在教育技术方面的理论研究、技术研发、实践应用等方面有着诸多研究成果,而且在数据收集、分析方法、研究综述、英文国际化方面都有着许多重要的贡献。2016年后,相关国际化动向及以学会会议为主的各类学术研究和交流活动将会持续推动日本教育技

术的发展及国际化,有利于今后教育技术与其他学科的创新发展,也对我国今后教育技术、外语教育等诸多领域有着重要的参考价值和实际借鉴意义。

日本信息技术教育应用研究及趋势分析

四 日本新媒体教育应用与研究

4.1 新媒体应用研究现状

日本对 Media 的定义主要可分为两大类，一类指的是信息记录、传递、保存用的物体或装置类的实物介质，如纸张、磁带、录像带、硬盘等；另外一类指的是代表传播交流、具有一定社会性含义和广泛受众的媒体，如新闻报纸、网络等。日本的新媒体概念主要采用的是后者的定义，指的是不同于传统的新闻杂志、电信电话、电视电台等大众媒体，采用新技术或新形式的媒体，这一概念在 1980 年左右，由日本电信电话公司推广普及开来，当时将二十世纪八十至九十年代前后出现的信息通信系统 INS（Information Network System）、以电话线传递 Videotex 的 CAPTAIN System（Character And Pattern Telephone Access Information Network System）、文字广播（Teletext）、面向个人用的 Microcomputer、传输图像信号的 Facsimile、电视电话、计算机通信、CATV、个人住宅自动化用的 Home automatio 等都划归为新媒体。之后随着互联网和高性能计算机的发展，这些媒体由于传输内容和速度受到限制，普及率并不高，有些后来被淘汰，有些则进化，其后再出现的新媒体，则指的都是与传统媒体相区别的高科技媒体，具有高科技、不特定多数受众、受众自主选择性等多种特点，尤其是与互联网和计算机应用相关的博客（Blog）、SNS（social networking service）、数字电视、智能手机及应用、无线网络、移动网络等。

四 日本新媒体教育应用与研究

日本在义务教育、高等教育、职业教育、成人教育等教育领域出现诸多利用移动媒介、社交媒体(Social Media)、电子书籍、MOOC等新媒体的实践和研究。日本早已深刻意识到传统灌输性教育和应试教育的弊病,为提高教育的质量,在学习指导要领里面多次提到要求培养媒介素养(media literacy),即通过媒介进行对信息的收集、分析、评估和使用等的能力,与之类似的词汇为ICT素养。日本通过各种信息化技术手段对教育进行辅助支持,把对媒介和信息技术的教育列为初中等教育的重点之一。日本政府主导的"未来学校""先导性教育系统""ICT梦想学校"中则广泛采用触摸终端、电子白板、云服务器等ICT设备,积极开展各学科的教育实践尝试,取得了不少成果。

4.1.1 实践与研究现状

由于外语教育是日本政府积极进行新媒体应用的主要领域,因此从外语教育的角度分析新媒体在教育实践中的应用有助于理解和掌握日本新媒体教育的现状和研究动向。对于新媒体的分类划分,参考美国新媒体联盟(New Media Consortium)发布的地平线报告(horizon report)中所使用的新媒体分类方式,即以该媒体出现到成为主流的时间为准进行升序排列,再以CiNii(日本国立情报学研究所文献数据库)对2010年至2015年间的相关研究进行文献检索和分析,同时参考日本教育工学会、日本教育系统学会、日本全国语学教育学会以及日本外国语教育媒体学会等学术团体发布的相关论文和资料,分析新媒体在教育中的应用特点。

地平线报告(horizon report)是由美国新媒体联盟定期进行调查分析后公布的报告,主要是通过每年定期调查报告、深度访谈、数据分析等定性和定量相结合的方法,确定出未来一到五年之间,从技术应用可能性到普及应用,并最终成为主流的各类新兴技术或应用形式,主要探讨各类新媒体在教育领域的应用形态、潜在影响、变化及趋势等,每年对新媒体的调查分析情况都会根据当年度最新技术应用进行重新分类,比较具有时效性和代表性。下面按照移动设备及其应用软件、电子书籍、社交媒体、识别技术、游戏、学习分析、开放教育、数字电视、虚拟技术等进行分类探讨。从文献检索最终得到论文 1 632 篇，如表 18 所示，其中移动设备及其应用软件所占比例最大，接近一半，其次是学习分析，约占 27%，其他各部分所占比例均低于 10%，下面就各部分进行具体分析。

表 18　文献检索结果

媒介类型	文献数量	所占比例
移动设备及其应用软件	788	48%
学习分析	435	27%
社交媒体	121	7%
开放教育	82	5%
识别技术	76	5%
游戏	55	3%
电子书籍	43	3%
虚拟技术	32	2%
数字电视	0	0%
合计	1 632	

（1）移动设备及其应用软件

移动设备主要指的是能够随时随地进行移动通信的设备，比如智能手机、平板电脑、笔记本等，能够在短期一年以内普及推广。日本在 2005 年后基本上以智能手机为主要代表，而教育现场则以平板电脑或可触摸式笔记本为主，因为大部分学校规定不得在课堂上使用手机，尤其是小学，明文规定不得带手机进入校园，所以不具备语音通话和短信功能且便于监控的触摸终端则被广泛应用到教育一线中，主要有 ipad、arrows、Nexus 等品牌以及配有触摸屏的笔记本电脑。另外，在高等教育、成人教育、开放教育等领域智能手机及其应用更为广泛。

移动设备的应用软件俗称 app（application 略称），根据应用目的不同可以分为商业 app 和定制 app，商业 app 主要在 app store（app 网上商店）进行公开销售，而定制的 app 则不在网上公开销售，是由企业、个人或者研究机构等开发用于特定有限的设备当中。

在文献检索中发现，以这类触摸终端和 app 为研究对象的外语教育类文献占整体的 48%，这说明移动学习环境和软件开发应用普及程度得到极大提高，在实践应用上占据主要地位。具体内容包括软硬件应用、app 开发、教学辅助、学习指导等，如采用 iTunes 和 Second Life 进行外语移动学习、开发手机对应的韩语 LMS（学习管理系统）构建电子学习档案、利用 iPhone SDK 开发汉语教材、利用 Podcast 构筑英语学习系统提供收费阅读型推送服务研究。作为 app 开发案例，如利用 Moodle 开发 VoiceShadow App（图 19），通过移动设备进行英语跟读训练，同时也可以作为学习记录进行对比分析。另外，还有诸如利用在线测试 app 制作英语学习教材、开发英语阅读辅助工具开展教学、利用语料库和检索 APP 进行 DDL（Data-Driven Learning）实践研究等。

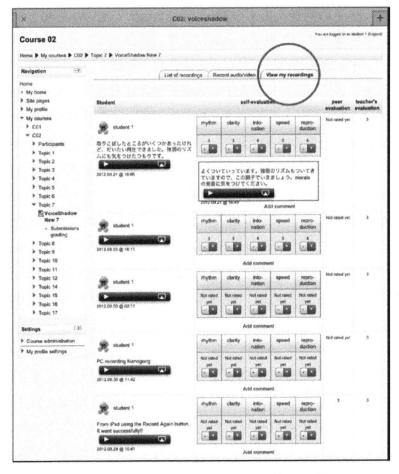

图 19　基于 VoiceShadow Module 的 App 界面

（2）电子书籍

电子书籍根据地平线报告的分类标准，也是与移动设备一样，在一年内可普及推广，可分为硬件型阅读终端和软件型app，前者指专用硬件移动设备，在日本主要有索尼Reader、夏普GALAPAGOS、亚马逊Kindle DX等，后者指以app形式出现的软件，根据终端系统的不同可应用于阅读终端、智能手机、触摸终端等多种设备。由于日本版权保护严格，电子化书籍版权费昂贵，且可扩展性不强，导致硬件型阅读终端在日本市场占有率非常低，部分市场还被iPad等触摸终端抢占。

另外，日本的硬件型电子辞典应用广泛，主流为CASIO电子辞典，相对传统的纸质辞典来说，电子辞典能以文本、语音、图片等多媒体信息来表现多种语言所包含的信息，而且在词汇更新和手写输入检索等方面表现尤为突出。日本学者副田研究发现电子辞典有着多种输入方式，尤其是在汉字手写输入方面表现突出，在字形和含义理解方面提出了各种学习策略。由于电子辞典可扩展性不强，交互性偏差，经检索发现相关论文数量呈下降趋势，2011年为7篇，2012年仅为3篇，而2013年则为零。这说明无论是硬件型的阅读终端和电子辞典的应用有着一定的局限性。

文献检索显示，电子书籍相关研究文献仅占整体的3%，在硬件电子书籍应用上，例如电子书籍阅读终端应用于英语教师的教材资源研究中，其他则是以语音识别为主的电子书籍朗读类的技术研究论文。虽然日本在硬件阅读终端上应用有限，但是作为应用软件的电子书籍发展则比较顺利，主要模式是将传统的外文资料电子化，涵盖外语教材、教辅、电子辞典、文学著作、考试资料等各个方面，日本学者佐藤就指出电子书籍作为外语教学中有效的信息收集和传递工具，有利于词汇等知识的习得。此类研究主要集中在教材教辅方面，与移动设备的app相关资料有很多重叠，例如电子教材和电子笔记在英语教育上的可能性、韩语学习中移动设备电子教材的使用评价分析、初中英语教学中电子教材应用的利弊等。

(3)社交媒体

社交媒体（social media）指的是以人际交往为目的，具备社会交际特性的媒体，包括个人与个人、个人与组织、组织与组织之间，还包括虚拟人物或组织之间的各类交流方式。日本自 2005 年以后社交媒介概念就开始流行，涵盖了原有的 BBS、邮件组、博客等形式，再加上其后出现的 wiki、Podcast、Social Bookmark、动画共享网站、聊天软件、基于用于点评和推送的电子商务网站等。在日本主要有以 Facebook 和 Twitter 为代表的 SNS（social network service）、以 YouTube 和 GyaO（yahoo 动画）为代表的视频共享网站、以 second life 和 meet-me 为代表的 3D 虚拟空间等，由于日本有着高速的互联网环境，所以这类媒体也被广泛使用在各类移动设备上。

由于社交媒体出现时间较短，将其应用在外语教育上的论文最早为 2007 年，到 2015 年合计有 121 篇，占整体文献检索结果的 7%，主要有支援自主学习构筑学习共同体研究、开发外语教学辅助系统、采用远程教育模式进行协调学习、开展跨文化理解和交流、网络媒体语言研究与教学、利用 Facebook 进行国际远程外语学习等。如表 19 所示，采用基于网络的各类社交媒体开展教学实践，主要以个人和团体形式进行课堂内外的学习交流活动，在协同作业、资源共享、信息互动等方面特征表现非常明显。

表 19　社交媒体应用案例

使用媒体	活动内容
WordPress	以小组学习、课外学习、协同学习等方式互相介绍和交流
Mail list	以邮件组的形式进行团队间交流和学习，尤其是采用外语进行国际交流
Skype	视频电话、远程视频会议、聊天对话等形式开展个人交流和课堂学习
Blackboard & Sakai	基于课程或课题进行协同作业，翻转学习等活动
Facebook	以教师、学生及团体等进行互动交流，资源共享等
Twitter	以及时短文本为主要交流方式，开展课堂意见收集、国际多语言文化交流
Second Life	课堂授课与虚拟空间授课，个性化学习，游戏学习等

日本学者小松认为基于社交媒介的教育应用可促进以下几种学习模式的开展：

①以学习者为中心的学习模式：通过CGM（Consumer Generated Media）开展以学习者为主的学习内容、学习资源的制作和分享的过程，使得学习者能够对自身认知进行主动选择和自主学习，而教师则以辅导地位根据学习者需求和学习情况灵活帮助学生开展学习活动；

②行动中心的学习模式：可以实现Task-based、Problem-based、Context-based等学习；

③协调学习：以CMC（Computer-Mediated Communication）为基础的学习；

④社会构成主义的学习：实现与他人互动学习，促进基于社会交流互动的知识构建。

（4）识别技术

识别技术主要有触摸识别（taplat computing）、手势识别（Gesture Based Computing）、语音识别、生物特征识别、射频识别等技术，其中触摸技术被广泛应用在触摸终端上，由于携带方便，维护保养简单，特别适合e-leaning和野外学习调查。手势识别技术除被应用在触摸终端外，还用于Xbox Kinect、Nitendo Wii等游戏设备，以及虚拟环境构建方面。而语音识别技术比较常见，电子书籍、移动设备应用软件中常用于辅助语音教学，进行跟读、发音校对等训练，另外还有虚拟助手（virtual assistant）可提供智能化识别和推送服务。

由于识别技术开发难度高，还存在识别误差和人工智能上的多项难题，应用和普及时间比较长，因此专门以语音识别技术进行外语教育研究的论文还比较少，检索发现76篇，例如采用Skype构架外语会话训练系统、德语发音辅助软件、小学外语活动中手势识别交流实践、采用视频和语音识别构筑英语学习系统等。

值得一提的是，识别技术还被使用在日本残障学校和养老院中，涉及外语教育的论文虽然不多，但是实践案例却很多，采用触摸终端、特殊支援设备、虚拟空间等用于外语语音训练、学习记录、疗养恢复等方面。由于技术的发展，今后这类的实践研究将会更加受到重视。

四 日本新媒体教育应用与研究

（5）游戏

游戏型学习最新的动向是注重对教材内容的开发，采用晋级和荣誉奖励作为学习策略将学习内容分阶段课程化，以竞争对比促进学习积极性，在线联网的游戏则更加透明化，逐渐向社交媒体靠拢，同时根据游戏所用的设备可以划分为实物设备、专用游戏设备、游戏软件和电子化资源等。较为传统的游戏，比如卡片、棋牌、角色扮演等，通过实际操作来进行学习，而利用专用游戏设备，比如 NDS、PS、Xbox、Wii 等，开发在这些设备上应用的学习型游戏软件成为现今日本教育技术领域的新课题，由于开发难度大、周期长、费用高，可应用于专用游戏设备的游戏软件一般由企业主导开发，进行商业化运作，研究型论文比较少见。因此，采用计算机和互联网进行游戏软件或应用开发辅助教育成为主流，森田在 2012 年提出游戏教育研发和实践研究流程，如图 20 所示，通过理论思考和行动时间两个层面进行考虑，依次经过问题抽取、设计开发、实践评价等环节进行游戏设计和实践，然后在这三个环节中反复修正与改善。

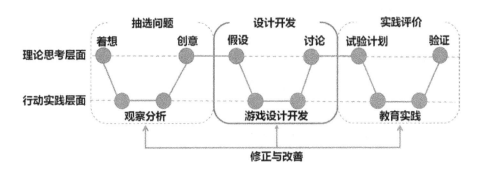

图 20　游戏教育研发和实践研究流程

由于游戏有着目的性（通关或奖励）、规则、反馈或互动、自发性等特点，所以一直以来游戏教育应用方法、评价方法都是主要的难点。从游戏的娱乐性兼教育应用角度来分析，游戏在教育领域的应用主要包括游戏和模拟（Gaming & Simulation）、娱乐教育（Entertainment Education）、教育性娱乐（Educational Entertainment）、严肃性游戏（Serious Games）、游戏化（Gamification）

等,尤其是进入2000年后,呼吁以教育为主进行社会性问题解决的游戏开发和应用的严肃性游戏,使得游戏设备和软件逐渐进入课堂,2010年后的动向则是采用游戏设计方法对游戏本身及游戏周边的社会活动及服务研发组合进行教育辅助研究。例如利用Nintendo DS进行英语自主学习和模拟课堂、基于PSP的汉语和朝鲜语等多语言日程生活词汇学习卡片教材开发。另外还有应用于智能手机或触摸终端的游戏型app进行外语教学研究,如采用迷宫游戏开发外语语序学习策略、利用谜题游戏进行法语学习等。但由于游戏开发难度较大,历时较长,在日本并非主流,相关论文近年来每年仅十篇左右。

虽然检索结果中并没有高端游戏设备(如Xbox、Wii)应用在外语教学上的相关论文,但是实际上将这些设备用于外语教学的案例却不少,例如采用Wii进行日语文章输入辅助、Wii对应的BrainSpeed英语在线学习平台、Xbox平台上的英语会话软件、以英文版的游戏进行在线英语交流、利用Kinect构筑虚拟外语学习环境等。

(6)学习分析

学习分析(Learning Analytics)如图21所示,包括系统构成、技术标准、分析和表现方法、评价和IR等各部分内容,一般来说主要采用统计学分析方法,既可以使用在人数较少的外语学习课堂上,例如电子档案数据分析、概念地图结构分析、学习过程分析等,也可以采用社会统计调查方法收集大规模数据,例如外语考试分析、词汇分析、计算机语言处理等方面。这类分析方法早期常见于CSCL(Computer-supported collaborative learning),而由于新媒体技术的不断发展使得数据统计和反馈更加及时,数据分析变得更加可视化、透明化,现今在外语教育上则被广泛使用在课堂教学、教学资源开发、教辅系统等各个领域中,如管理教学内容和成绩等的LMS (Learning Management System)、基于学习过程记录和分析的e-Portfolio、可视化分析工具的Knowledge map和Mind map等。

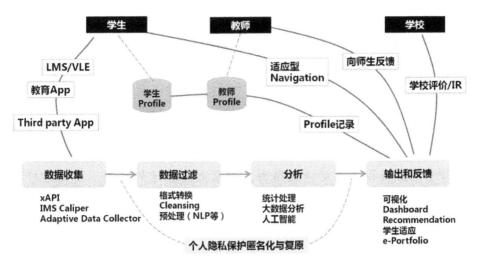

图 21 学习分析示意图

若将语言学、语用学、计算语言学等学科的研究文献纳入进来，每年则超过数千篇，其中近年来比较值得关注的是对学习过程和知识理解的分析，如 e-learning 日语词汇学习履历、对听觉障碍学生进行英语学习问卷调查、开发英语例句检索平台对电子教材应用学习效率进行统计分析、外语活动中儿童心理特征进行分析、对近义词分析策略进行例句统计分析、基于知识地图的日语教学辅助系统、利用思维导图的学习心理分析、基于 LMS 的外语学习过程管理等。

（7）开放教育

开放教育（Open Education）主要指将教育开放化，提供更多学习机会，与 e-Learning 等利用网络的在线教育最大的不同是教育内容和教学课程的开放化、免费化、公开化，是教育走向社会化的一种体现，包括 OER（Open Education Resource）、OCW（Open Course Ware）、MOOC、非正式学习、社会公开讲座、广播电视讲座、公益讲座等各种类型。近年来尤其值得关注的就是 MOOC，其特点在于大学教师或高等教育机构等的参与，大部分课程免费，课程内容高质量、专业化，主要有 coursera、edX、Udacity 等，日本的 MOOC 主要采用参与和自行组织两种形式，前者是以东京大学、京都大学等为首参与美国的MOOC平台开始大学课程公开化，后者是以JMOOC为主进行自主MOOC平台课程公开化，但主要问题在于多数仍然以讲课形式录制成视频流媒体，存在版权和学历学分认证的诸多问题，并且在外语教育方面的研究基本上刚起步，相关文献仅占整体的百分之一不到。

另外一种形式展开的就是利用远程视频会议系统或者在线流媒体网站开展外语教学或者国际交流活动，但是仅限于部分点对点的教育机构中，设备和系统复杂且昂贵，通常需要固定的场地，所以在日本一直没有得到普及化发展。近年来，日本4K、8K等高清技术正在发展，今后如何利用高清视频通信技术开展远程视频教学将成为一个重要的课题。

（8）数字电视

由于模拟电视广播于2015年3月在日本停止运营，所以日本已全部采用数字广播设备，并且以One seg为代表的数字电视还可以在手机等移动设备上播放，所以数字电视在日本的收视率相当高。但检索发现数字电视应用相关的论文为零，其原因在于数字电视以录制教学类系列节目为主，一般来说制作费用昂贵，制作周期较长，导致相关的教育应用类研究偏少。

另外，最新出现的4K和8K高清视频技术，主要多用于家庭电视机和户外广告屏，特点是极大提高了图像的清晰度，如图22和表20所示，目前数字电视主要在200万像素以下，而4K技术则相对提高了四倍，达到800万像素，同时显示面积扩展四倍，主要用于大屏幕电影制作和播放，而8K技术则为3 300万像素，为2K的16倍，日本政府希望能在2020年东京奥运会前实现推广，尤其是对户外高清广告屏等，同时对信号传输速度和硬件设备提出了更高要求。高清视频技术的革新将对今后以视频处理为主的远程教育和在线教育起到非常重要的作用，但是有关4K才开始普及，而8K技术目前还在实验阶段，因此相关应用性实践和研究还有待继续推进。

四 日本新媒体教育应用与研究

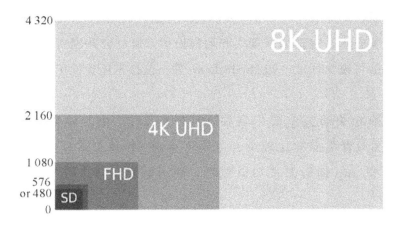

图 22 高清视频技术像素标准

表 20 高清视频技术特征

	解析度	画面尺寸	使用情况
2K	约 200 万像素（1 920×1 080）	32 英寸	电视（HDTV、数字电视等）
4K	约 800 万像素（3 840×2 160）	50 英寸	电影（数字制作、广播）
8K	约 3 300 万像素（7 680×4 320）	100 英寸	实验阶段（高清视频等）

（9）虚拟技术

虚拟技术如图 23 所示，主要指的是 VR、AR、MR 等虚拟环境或者物体，通过显示、模拟、传感等系统功能，将数字化的虚拟世界投射于人类现实世界中，达到模拟现实的目的。VR(Virtual Reality) 为虚拟现实技术，主要利用计算机等设备模拟出虚拟的 3D 图像，再运用沉浸式头戴设备或者全身设备，为使用者提供视听觉和触觉等方面的互动，目前多见于体验性电影或游戏中，如 PlayStation VR、VIVE、Oculus 等游戏设备，在信息处理、人体知觉处理、Navigation、CSCW（Computer supported cooperative work）、HCI（Human-computer interaction）等方面有所应用。AR（Augmented Reality）即增强现实技术，还有类似 VE（Virtual Environmen），指的是直接利用 ICT 设备将画面投射或叠加到现实中，如 Google Glass、HoloLens、Mate 等设备，也可以利用智能手机 app 的形式与现实叠加产生虚拟环境和互动交流，在日本教育方面主要用于智能手机及触摸终端等的 app 开发和实践方面。而 MR（Mix Reality）则为混合现实技术，包括增强现实和增强虚拟，通过合并现实和虚拟世界而产生新的可视化环境，如 Magic Leap 等，在日本还少见用于教育的实践研究。

目前相关研究主要出现在 2014 年以后，由于应用硬件偏少，VR 相关教育类研究比较少，主要可见到 AR 相关研究论文，如利用智能手机 app 辅助天文知识理解、利用触摸设备进行外语词汇交流学习等。

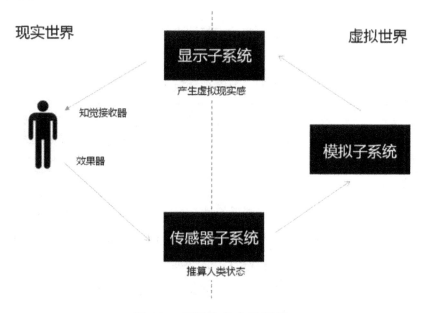

图 23　虚拟技术应用框架

综合各类新媒体的应用案例可以发现每个新媒体都具备不同的特点，表 21 中总结了新媒体的主要优缺点，由于技术的快速发展，各类新媒体有着逐渐融合的趋势，比如智能手机就可以应用各类软件，在连接互联网状态下可以使用其他各类软件类和技术类的新媒体资源，因此不容易予以严格区分开，交叉融合趋势不可避免。

四 日本新媒体教育应用与研究

表 21　各类新媒体的特点

名称	主要代表	优点	缺点
移动设备	智能手机、触摸终端	可移动、轻便、可扩展性强、高速网络连接、可随时随地进行学习	监管困难、持续性低、电量有限、价格偏高
移动设备应用软件	各OS对应的App Store	开发周期短、价格低、内容丰富、支持多种媒体格式	设备依赖性强、可移植性低
电子书籍	阅读终端、电子辞典、电子教材	可移动、携带方便、表现能力强、检索方便	硬件型价格高、普及率低软件型版权问题
社交媒体	Facebook、Twitter	交互性强、反馈及时	需要积极参与、难以规范化和课程化
识别技术	触摸识别、手势识别、语音识别	嵌入式、可利用听觉触觉等多种感官能力	错误率较高、部分设备价格昂贵、教学应用性偏低
游戏设备	Nintendo Wii、Xbox Kinect	娱乐性高、参与度高、易提高学习积极性	难以规范化和课程化、难以进入普通课堂教学
学习分析	数据可视化、电子档案	反馈及时、容易掌握整体情况、记录性强	存在误差、需要统计学知识和特定的软件
开放教育	MOOCs、视频会议系统	远程、可多次反复播放	存在版权问题、学位学分问题、规范化和课程化问题
数字电视	One seg、Hikari TV	普及程度高，受众广	需付费、应用形式有限、价格高
虚拟现实	VR、AR、MR	真实感强、调动各类感官、可互动交流	技术研发难度大、成本高

除上述几类外，还有其他类型的新媒体应用，比如采用交互式电子白板进行外语课堂教学和国际远程视频会议、利用 3D 打印机标识物体与外语词汇辅助学习、面向残障人士外语学习的辅助软硬件设备、利用机器人辅助程序教学等等。

4.1.2　意义与局限

通过对日本新媒体研究文献综合分析，可以发现新媒体教育应用相关的论文数量最多的是移动设备及其应用软件，其次就是学习分析，而其他新媒体的研究相对偏少。主要原因在于普及率、开发难易度、开发成本、应用效果等方面，并且数字电视、虚拟技术等在以听说读写为主的外语教育中应用难度较大，而移动设备可以通过应用软件将电子书籍、社交媒体、识别技术、游戏等相互结合，可扩展性强，开发周期短，移动性强，逐渐成为教育应用研究的主流。综合分析新媒体在教育中的意义如下。

①有利于促进由传统的以教师为中心的教学模式逐步转化为以学习者为中心的自主学习模式，实现由用户自主应用和制作学习资源，以学习者为主体提高自我表现和思维能力；

②通过"点对点"的交互式信息传播方式使得交流反馈及时高效，有利于学习者开展协调学习，促成高效的学习共同体，培养相互交流和理解能力；

③电子化的教学资源和互联网全球化学习环境在新媒体的应用中表现更加明显，有利于在社会文化环境中提高知识组织构成能力，促进跨文化理解拓宽知识面，刺激教学方法和学习方法的逐步完善；

④部分新媒体可以实现个性化定制教学课程，实现学习的最优化和效率化，远程教育时则能在更为自然的状况下进行语言学习，减缓固定教室中紧张学习的心理负担。

但是新媒体在教育中仍然存在诸多问题，比如技术知识的普及、技术教育应用引发的伦理问题，尤其是面对低龄儿童、老年人等对技术不太熟悉的人群时，仅熟悉技术的使用就需要一定的时间和精力，再加上新媒体的投入成本相对较高，是否会由此进一步加深数字鸿沟，在教育应用中如何解决应用初期的技术熟悉度和教学目标之间的平衡关系等等，这些问题仍然需要更多研究和探索。目前新媒体的主要局限如下。

①教学效果的评价方法存在诸多差异，具体是因为技术造成的效果，还是因为教学方法、学习策略、内容编排等带来的效果难以一概而论，由此也容易带来是否具备普遍适用性的疑问；

②由于新媒体的特性和技术的快速变革使得新媒体在教育资源制作和应用方面缺乏统一的标准，所以在普及推广上造成一定的困难；

③许多教学应用手段仍然属于机械性学习范畴，在教学资源方面仍然处于将传统教学内容简单数字化的初级阶段，难以根据不同的教学要求进行灵活应用，在计算机智能识别和处理方面还有待提高，以外语教学为例，新媒

四 日本新媒体教育应用与研究

体在发音、词汇、句型、听力、阅读等记忆理解方面比较有效，而相对在会话、写作等表现应用方面差强人意；

④新技术必然需要相应的新教学法，为教师课程准备带来一定的负担，学生不熟悉新媒体设备也容易造成拒绝心理。

日本已经意识到在数字化社会中需要积极应对全球化趋势，以新的学习指导要领等国家宏观政策为引导积极开展各类新媒体在教育方面的实践研究，并且逐渐在向低学龄的义务教育阶段推广，为培养下一代青年人才的信息技术能力打下坚实的基础。从时间周期上来看，开发和应用上使用频率最高、效果最为明显的就是移动媒介，并且各类新媒体呈现出来融合的趋势，有利于教学资源开发的多元化，提高学习积极性，刺激更多教学方法的出现。从文献数量上来看，日本在开放教育和数字电视等长期性的新媒体方面研究成果最少，显示出日本在开放教学资源的欠缺和知识版权上严格限制，在一定程度上阻碍了这类新媒体的有效发展。

另外，从新媒体的局限性来看，在效果评估和开发应用等方面需要制定统一化的标准，新媒体应用方面的培训也有待完善，需要根据新媒体的特性探索新的教学方法。日本已经意识到新媒体这方面的局限性，如电子教材、教育云平台、学习分析等统一标准的制定和研究，各类新媒体应用的相关培训也逐渐在规范化，今后在这方面的实践性研究更加值得关注，借鉴日本在利用新媒体进行教学方面的研究成果有助于了解新媒体实际应用情况和研究不足，对我国教育应用方面也具有一定的启发意义。

4.2 日本外语教育改革与实践

基于日本的国家战略目标，为构建世界最高水平的IT社会，需要大力发展信息技术支撑的高科技产业，同时需要促进科技创新和变革，提高国民整体的IT素质，并推动高水平的IT人才的培养，确保今后他们能成为产业竞争力的源泉。日本在人才培养方面，积极推进双向型教育和国际远程教育，采用新技术和新媒体,通过多元化手段,努力探索新的教学应用模式来提高教育质量,确保在国际化信息社会中人才培养的连续性。为此,日本近年来将外语学习和 ICT 应用结合起来积极开展了各种尝试,以下将通过中小学 ICT 教育应用、大学外语教育改革、面对社会的开放教育资源以及技术研究领域的语言学习系统研发进行分析。

4.2.1 中小学 ICT 教育应用

日本中小学中 ICT 应用案例主要以电子教材、教学辅助系统、远程视频会议、教学辅助软件等形式开展交流学习活动。日本教育振兴基本计划要求在 2014 年实现教学设备每台计算机对应 3.6 名学生,其中计算机教室 40 台,各普通教室 1 台、特别教室 6 台,设置可移动式计算机 60 台、电子白板和实物投影仪各年级 1 台,校务计算机教员人手 1 台,超高速互联网和无线网络环境达到 100%。在日本总务省"未来学校"中,标准配备是触摸终端学生人手一台,每个教室均配置至少 1 台电子白板和 1 台投影仪,并且每个学校配有教学用服务器等硬件设备。到 2016 年 3 月,日本全国小学、初中、高中及特别支援学校中,实际平均每台电脑对应 6.2 名学生,平板电脑 253 514 台,近两年内增加了 3.5 倍;校园网络普及率接近 90%,超高速互联网(30Mbps 以上)普及率 84%;电子黑板 101 905 台,教室普及率达到 22%;教员用电脑普及率高达 116%,校务辅助系统普及率 83%,其中普通服务器应用系统约占六成,云服务系统占 4 成。而教师 ICT 应用能力(图 24),在教材研究、课堂教学、学生指导、信息伦理和校务应用等五个方面均逐年提高,七成左右的教师能在教学实践方面满足 ICT 技能应用要求,极大提高了教育一线实践教学的 ICT 普及与应用。目前正在实施的"ICT 梦想学校"中也以 ICT 普及为目标,力求在 2020 年前实现义务制教育阶段所有中小学均能利用 ICT 普遍开展教学活动,并使用开放式教育云系统,在软硬件上标准统一化。

四 日本新媒体教育应用与研究

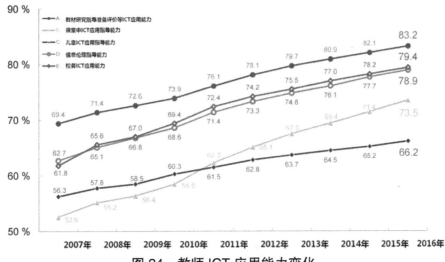

图 24 教师 ICT 应用能力变化

除以政府层面开展各类项目和资金扶持外,日本各地政府也在重点着手建设中小学教育信息化环境。据统计,日本地方财政在 2014 年度总共投入 1 678 亿日元开展各类教育信息化基础硬件建设,包括购置教学用电脑、触摸终端、无线网络等硬件,聘用 ICT 辅助教员,开展教学辅助和信息技术培训,目的在于利用 ICT 减轻教师负担,降低 ICT 应用门槛,提高教学效果。比如在国语和英语科目上,ICT 应用的优势在于利用动态、交互式的教学资源提高学习积极性,以 e-Portfolio 等记录和分析学习过程,制定符合每个学生实际情况的教学指导方案,利用 SNS 或电视会议系统等开展跨地区、跨国家的远程学习和多文化交流,采用学习辅助系统帮助学生课外学习,连接课堂、家庭及地区,达到社会化学习效果等等。

在中小学教育中,如图 25 所示,教师主要在课堂教学中利用 ICT 设备,开展课堂集中授课、学生个别学习指导、分组协同学习等教学模式,在课外可以运用教务系统、教学辅助系统、视频会议系统等开展校务活动、远程教学指导等活动。家长则利用 ICT 即时掌握孩子学习动向,辅助孩子在家学习,与教师和学校保持良好沟通。而对教师来说还存在一些难点,如 ICT 应用技能熟练程度对备课和上课的时间安排产生严重影响,教学设备不足会导致多媒体教室或设备安排冲突,缺少实际可用的电子化教学资源和相应的开发软件，在 ICT 方面缺少相关人员和制度。对此，在中小学阶段，最为缺乏的就是有效的教学素材、电子教材、简单易用的开发软件等，对于教师来说还需要相应的 ICT 辅助体制，如 ICT 设备使用的制度、应用 ICT 的教学评估体制和激励机制、ICT 技术辅助人员、相关研修讲座或者课程等。

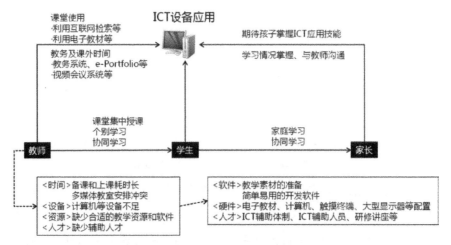

图 25　中小学教育 ICT 应用现状

具体到教学实际过程中，ICT 应用情况可从日本 Benesse 教育综合研究所的调查报告中窥得一二。调查报告中显示，日本一般中小学校中各年级采用 ICT 进行授课的比例（图 26）均在 50% 以上，年级越高应用越多，而小学的应用比例平均高达 78%，约有八成日本小学均在课堂上广泛采用 ICT 进行教学，初中的比例反而比小学低，不足六成。各个学科之间的 ICT 使用情况有着明显差异，理科应用最多，高达 83%，而文科类的国语和外语才五成左右，其中国语课应用最少，仅 46%，在外语教学方面 ICT 应用还存在着明显偏少等情况。这说明在日本中小学教育一线，课堂中 ICT 的应用比较普遍，但存在着年级和科目上的差异，使得各年级应用不均衡，且外语类科目中 ICT 使用频率偏低。另一方面，从教师 ICT 使用情况来看，男性教员应用比女性要多，且高龄教师（50 岁以上）的应用程度比其他年龄段要低，校内设有 ICT 应用相关的委员会、研讨会等组织仅占整体的一成左右，具体指定专职教师负责 ICT

四　日本新媒体教育应用与研究

应用的比例约三成，完全没有设置任何相关组织或专门负责人的却占 45% 以上，完全没有任何技术支持人员的占 65%，这说明 ICT 教学体制存在着重大缺陷，在组织结构、定期培训和人手配置上日本中小学均没有明确的规定，仍然处于无组织的自发状态中。再从 ICT 应用的课题方面来看，比较明显的课题在于备课耗时长、ICT 技能不足、难以制定教学计划、设备操作复杂、担心互联网等对孩子的坏影响、学校效果不明确、不能充分认识到 ICT 应用的目的等等。而 ICT 应用效果来说（图 27），普遍认为有利于提高学习积极性，但对于加深理解、提高注意力等反馈一般，而在增加创造性、缩短知识学习的时间、提高知识应用能力、增加思考机会和意见共享讨论机会、增加互教互学的协同学习、提高积极主动发言和自主学习的主动性、增加个人自由学习和个性化学习机会等方面，普遍反映有效性不足，这说明 ICT 的具体教学效果还未获得充分肯定，具体如何评估和分析 ICT 教学应用的教学效果还有待继续深入研究。

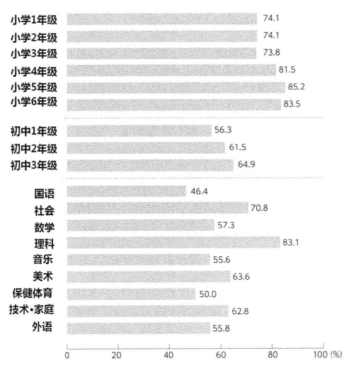

图 26　中小学教育 ICT 课程应用调查

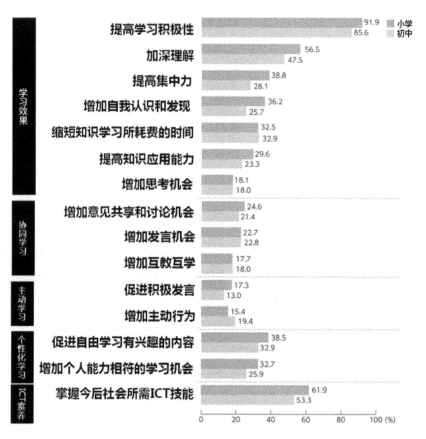

图 27　ICT 应用效果

　　自 2011 年 4 月开始执行的小学外语活动科目上，要求通过外语加深对语言和文化的体验性理解，培养积极交流的态度，能习惯采用外语进行相关语句的表现，初中以后则要求加强培养交流能力，开展国际化外语教学。为推进国际化的小初高英语教育改革，2013 年日本文部科学省发布《对应国际化的英语教育改革实施计划》，将英语教育中 ICT 应用提上日程，次年通过具体的教育改革方案，出台新的教学指导方案，要求从学校 3 年级开始每年进行外语活动课 35 节，5 年级和 6 年级制定相应教材，每年进行 70 节课。同时，初中则提高要求，需要能够培养学生进行日常主题的理解和表现、信息交换共享的交流能力。2016 年，开始进行教师英语能力、指导能力提高的相关培

四 日本新媒体教育应用与研究

训、研修活动,指派外语指导助手(ALT)辅助外语教学,采用外部公开的外语能力考试制度进行能力评估和分析,改善教学指导方案和教学方法,提高ICT应用和指导能力。根据日本教育振兴基本计划每年支持1 600名高中生赴海外开展国际留学活动,开展JET项目从世界各国招聘外语教员作为ALT到日本小初高进行外语教学辅导。同时,开展"异文化理解step up事业"邀请外国高中生到日本参加短期留学文化交流项目,促进学生跨文化理解,也积极鼓励采用ICT设备,如电视会议系统、虚拟教室、SNS等开展远程教育和国际交流,如文部科学省从2014年开始SGH(Super Global High schools)试点学校,指定上百所高中作为国际化学校进行各方面验证,尤其是对于外语教育。同时,SSH(Super Science High Schools)作为培养理工科思维意识,开展技术与信息的应用能力培养,对于ICT应用和外语应用能力的培养都开展了各类实践教育和研究活动。

同时,大力推进IB(International Baccalaureate)开展国际文凭大学预科课程,截止到2016年2月,获得IB认证的学校增加到87所,主要采用国际化评价制度换算成绩,加强教育国际化进程,多采用全英文授课,这为日本初中等教育与国际接轨提供了良好的平台,也要求外语能力、交流能力、信息技术使用能力进行更为国际化、社会化的教育。

根据日本文部科学省发布的新版《学习指导要领》要求,小学阶段应积极采用多媒体设备,如CD、DVD等语音视频教材的应用,在小组会话、角色扮演中有效应用ICT开展教学活动,利用电子教材和电子黑板等开展语音对比教学,通过互联网跨地区和跨国家开展各类外语交流活动,积极开展主动性学习活动。初中阶段则要求有效利用计算机、信息通信系统、教学设备开展视听觉多元化教学,扩展学生的兴趣爱好,提高学习积极性,采用英语原版教材或教学资源开展教学,进行外语对话型学习,开展外语信息调查、讨论、发言等活动,利用教学辅助系统和触摸终端在课堂内外开展主动性学习活动,记录和分析学习情况,学会采用SNS等开展外语学习和交流活动。在高中阶段,要求除外语科目外，其他科目也应采用 ICT 设备开展英文知识的学习和实践活动，增强学习内容的现实感和临场感，有效使用网络进行创造性调查活动和语言交流活动，并用 email 或电视会议系统与其他学校或海外学校开展共同授课和远程学习。

另外，根据日本教材制定的时间（图 28），日本对于纸质版教材的审查和使用比较严格，耗时较长，基本上从教材编辑（下单）到教材使用需要三年以上时间，并且从教材审核流程上来看（图 29）首先需要根据学习指导要领提交审核申请，然后根据"教科用图书检定基准"（文部科学大臣告示）由教科用图书检定调查审议会进行专门学术性审核评估。为保障国民教育的质量，教材的制定必须满足几个条件，如提高全国性教育水平，保障教育机会均等，维持适当的教育内容，确保教育中立性等。目前日本的电子教材和各类信息化教学资源应该基于教材制定的这些原则开展内容编辑和审核，但是并无明确的法律法规、统一化的制作标准以及类似政府官方组织的审议会等机构，因此信息化教学资源的评估和审核是一个比较模糊的过程，日本当前也意识到这一问题，如文部科学省"先导性教育体制事业"其中就涉及数字化教育资源的审核，同时《学习指导要领》也是定期每年审核，配合 ICT 教育应用调查相关政策和研究也在开展相关标准制定，同类组织机构的管理规划等。

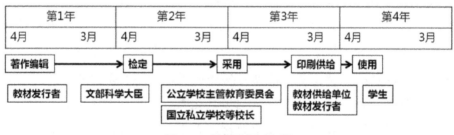

图 28　教材制定流程

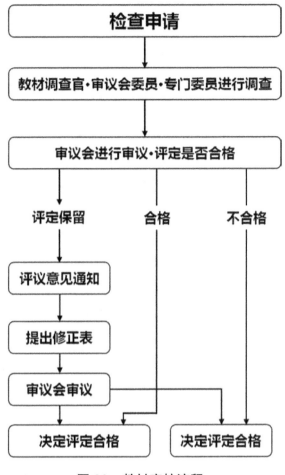

图 29　教材审核流程

4.2.2　大学外语教学改革

日本学术会议（负责日本学术科研方面的最高官方组织）会长黑川清教授提出大学需要"大相扑化"变革，意思就是，如同日本相扑界大量引入外国国籍选手一样，不但没有造成任何不良影响，反而使得日本相扑走向国际化，日本大学教育应该学习相扑界国家化的思路，开始进行变革。日本长期处于知识闭关锁国的状态下，高等教育中长期沿用旧式思维，教师员工从上到下都难以变革，重视研究评价而轻视教育评价，这些情况严重导致日本大学教育无法跟上国际化步伐，并且日本大学少有纯英文授课课程，也缺乏能用英语授课的教师，招募留学生的力度不够，留学生比例与其他发达国家相比偏低。同时在信息公开、ICT技术引进上停滞不前，若能够像相扑界一样，大量启用外国籍相扑选手，使得自己独有的文化与国际化接轨，不仅能获得新的力量，也能开阔视野改变闭关锁国的封闭式状态。

因此，面对日本大学诸多教育问题，首要问题就是需要解决外语能力和信息技术能力的培养，在日本政府近年来一系列针对技术信息和外语教育的政策中，都反复提及了需要加大力度提高信息化社会中外语能力和ICT应用能力。在这个大的背景下，日本诸多大学不断深化教学改革，要求教师使用外语进行授课，开展各类国际合作和远程教学，以求改变原有知识闭锁的状态，积极引入各类新技术和新设备，探索新的教育方法，如东京大学、京都大学、大阪大学等日本一流国立大学均开展纯英文授课项目，在硕博阶段均以英语成绩量化入学标准，毕业论文尤其是理工农医领域要求以英文撰写毕业论文，各院系均设置有英文论文校对和辅导机构。部分大学专门成立国际交流中心，成为与院系平行的教学及行政机构专门开展语言类课程培训、国际留学生支援、交换留学生派遣等业务。同时日本文部科学省等设置大学改革相关的国家项目，如"博士课程教育领导项目"就要求培养学生国际化视野和信息技术应用能力，开设企业实践研修、跨专业语言技能培训等内容。

在ICT应用方面，以大学的多媒体技术中心为主导开展各类e-learning教育活动，以大阪大学的外语教学为例，在英语课程上学生可以随时利用大阪大学Cybermedia Center登录多媒体远程授课系统，利用系统上提供的各类外语教学资源。大阪大学Cybermedia Center主要负责全校教育信息化培训、多媒体教室、ICT应用项目和教学项目开展、各类电子教材的应用和开发、配套软硬件设备的定制和采购，除常见的网络教学支援系统和教务教学管理系统外，还提供免费的大规模计算机运算和云服务。该中心针对外语教学的需求

四 日本新媒体教育应用与研究

专门设立多媒体语言教育研究部，开展英语、日语和其他语种的信息化教学实践，运营和管理CALL（Computer Assisted Language Learning）系统的多媒体教室，提供自主研发的教育支援系统WebOCM，涵盖网络视频教材、语音教材、字典和翻译服务等，作为基础科研项目研究开发基于语料库的外语词汇学习系统、外语电子化大学多媒体辞典和教学资源、基于三步学习系统（Three round system）指导理论的英语教材"Listen to Me！"、基于竹蓋V方法（Takefuta V Method）的词汇学习教材"Keywords in Use"、韩语交流能力培养词汇学习Web教材等。另外，该中心从2007年起与大阪大学外国语学院等部门合作开发"高度外国语教育全国配信系统"，该系统集成了语言学习系统Web4u和"高度外国语教育自学资源"，后者作为免费提供的自学教材，涵盖20多种语言，提供语音、视频、多语言对照、练习等多种资源。

在教学研究上，以大阪大学为主导，于2005年创办了e-learning教育学会，该学会主要以研究讨论电子教材的开发和应用、基于计算机技术和网络技术的教学法、CALL教室的配置与使用方法、教师培训、网络教学等问题，定期举办各类研讨会。在最近一次的研讨会上主要讨论了e-learning在翻转学习上的可能性，采用EPUB（Electronic publication）开发具备与LMS（Learning Management System）对接功能的电子书籍，基于CALL教学的混合式学习（Blended Learning）教学法，基于虚拟3D聊天系统的英语课程分析，采用iPad的协同学习分析等内容，学会论文主要以系统开发应用和教学实践为主，涉及内容非常广泛，通过这类学会的交流和讨论，能在同行之间互相交换意见，互相学习，开展深入合作。

4.2.3 开放教育资源

在2013年10月JMOOC（Japan Massive Open Online Courses）成立，该机构正式全称为一般社团法人日本开放在线教育推进协议会，主要开展MOOC平台运营、翻转学习、国际合作、课程认证、电子学习档案、学习共同体、商业模型、信息宣传等多类服务,会员单位有早稻田大学、日本大学、上智大学、庆应义塾大学、日本放送大学、九州大学等20多所高校,以及日本国立情报学研究所、朝日新闻、日本电气株式会社、富士通、三井住友、NTT DoCoMo等单位。截至目前学习者身份的会员人数达数十万,包括高中在校生、大学生、社会工作人员等各类学习人员。2014年4月开始正式运营,提供免费开放课程,授课单位和授课教师主要是大学教师,采用在线视频、数字化教学资源、线上学习和线下集中授课形式开展教学活动。学习使用流程如图30所示,主要是要通过会员注册、在线选课、在线听课、课程学习、作业提交,最后根据课程情况和考试情况等发放认证证书。开课期间,均可通过电脑、手机、平板电脑等各类设备登录系统观看课程视频和教学资料,参与课程讨论,提交课程报告或其他资料,满足结业条件后颁发电子版结业证明。

图30 JMOOC学习流程

JMOOC主要采用两类平台,一类是专用的MOOC教学平台,目前采用由NTT DoCoMo公司和NTT Knowledge Square公司运营的gacco平台、由Net Learning公司运营的开放式教学平台OpenLearning Japan、由富士通公司和公益财团法人九州先端科学技术研究所(ISIT)提供的Fisdom平台;另外一类是基于SNS的教学资源共享平台,目前只有日本放送大学基于Facebook的OUJ MOOC平台。

Gacco平台源于日语学校"gakko"的发音,暗示着网络学校的含义,该平台上提供计算机、语言文化、经济、历史等多门课程,课程主要分为普通课程和翻转学习课程。普通课程完全免费,主要通过在线视频和电子教材、

四 日本新媒体教育应用与研究

在线讨论、在线考试和课程论文进行学习；而翻转学习课程则需支付一定的学费，但对高中生免费，除采用普通课程的学习手段外，还提供以东京和大阪为主的现场集中授课（Face-to-face learning）。每门课程一般学习时间为四周，外加1个月的额外学习时间，在此期间课程内容可以反复观看和提问。课程视频则可在 Youtube 上随时观看，每段视频均被压缩在10分钟左右，其他教学资源则存储在 Gacco 平台上，学习者每次只需要抽出短暂的时间便可随时随地进行学习。为帮助学习者理解学习内容，除授课教师外，还配备有多名的硕士或博士作为教学辅助人员进行课程支援，在线学习时师生之间可以通过 SNS、聊天室、白板绘图等功能进行讨论，学生之间相互进行打分，在线考试则多以选择题为主，而最终的课程论文是需要教师亲自批阅。虽然目前大部分课程都是以日语授课为主，仍然还可以看到例如《The Uncommon Folk: Cultural Preservation in Japan》的全英文课程，为今后国际化，部分课程可能还会推出英文翻译版本。

由日本放送大学运营的 OUJ MOOC 平台是基于 facebook 和 CHiLO Book 的学习系统，平台上的教学资源均以电子教材 CHiLO Book 的形式出现，所谓的 CHiLO Book（Creative Higher Education Learning Object Book）是以开放教育为目的，将电子书籍作为主要教学手段的大规模在线课程平台，不仅支持电子书籍的制作和发布，还支持开放徽章（Open Badges）的颁发。利用 CHiLO Book 的模板，可以简单方便地制作基于 Creative Commons 的开放教学资源，主要形式以电子书籍为主，这种电子书籍的特点是部分课程视频和练习问题需要在线使用，但是文字和图片等静态资料可下载后离线浏览。以 OUJ MOOC 平台的《日语入门》课程为例，该课程以英文讲解为主，首先需要登录 facebook 加入该课程的群，然后下载 CHiLO Book，里面涵盖所有可供自学的资源，包括发音练习、会话视频、单词和语法讲解、听写阅读练习和测试，所有内容完全下载后即可离线自主学习，同时可通过与 facebook 群里的其他学习者一起以 SNS 的形式交换意见进行学习。在完成 Book 里的练习（多以选择题为主），且在线考试及格后便能获得开放徽章，课程结束后可以获得

JMOOC 的认证证书。

其他两类 OpenLearning Japan、Fisdom 与 Gacco 的运作方式基本相同，也采用了诸如 coursera、EdX 等美国主流 MOOC 平台的设计模式，即在线课堂形式，需要教师事先录制好教学视频，然后上传（部分采用第三方视频网站链接），学习者则需要登录平台后进行学习和交流，最后获得认证。而 OUJ MOOC 采用 CHiLO Book 的方式则相对简单，主要制作规范化电子教材，整套课程其实就成为一套标准的教科书，其中可以采用超链接穿插教学语音和视频内容，既可以是教师自己用手机或电脑摄像头拍摄，也可以是其他电子教材中节选的资源，通过开放徽章的授予和计数，在没有教辅人员和技术人员帮助下也能判断学生的学习进度。当然，OUJ MOOC 也有自身的缺陷，依附于 facebook 这样的第三方平台，比起独立自主运营的教学专用平台而言，缺少一些功能，比如没有身份认证功能，很难判断上课的是否为学生本人，也没有完整的成绩统计分析功能和学习履历功能，很难支持翻转学习、协同学习等学习手段，这将造成今后这类运作模式下外语教学的困难。

现在日本的大学教学改革正处于高潮，各种新的教学辅助软件设计设备层出不穷，一时之间也很难选择究竟哪种设备，采用哪种教学方法才合适。在这种情况，反复进行教学实践尝试就显得非常重要。由于外语教学属于大学教育中的基础环节，处于大学改革的前沿，很多新技术和新教学方法都将在外语教学中逐渐得到应用、修正、抛弃、革新，因此日本的外语教学中 e-learning 的研究和应用都将成为今后宝贵的经验财富，尤其是 JMOOC 的实践，也许能够实现网络教育资源数量和质量上的革新，有力促进高等教育的改革与发展。

4.2.4 语言学习辅助系统研究与实践

语言学习最明显的特征就是需要听说练习，涉及训练的反复、知识的理解与重构、信息的交流与沟通等，为了辅助语言学习，尤其是第二语言学习，

四 日本新媒体教育应用与研究

日本广泛采用文本、语音等多媒体进行辅助学习,其中最具特点的就是多媒体学习环境构建。日本早期为 LL（Language Laboratory）教室,主要以磁带、录像带、耳机、收音机等模拟设备,其后导入计算机系统成为 CALL（Computer aided Language Laboratory）教室,然后发展到现在加入互联网和个人用信息终端、云服务系统等信息通信技术构建多样化的语言学习辅助系统、教学辅助系统、教学资源系统、考试评测系统等,发展为移动学习、泛在学习、自主性学习、翻转学习、混合学习等各类新型学习模式,主要来说包括语音识别和处理、自然语言处理、语料库、VR 和 AR、ubiquitous device 等技术和设备。如语音识别和处理技术主要是通过语言识别处理,对语言或学习者的发音特点进行分析,提供听说方面的练习,其中也包括文字识别后语音处理等;自然语言处理则可以在会话、写作、翻译等方面分析语言特征,进行机器处理后理解其含义和结构,辅助发现语法或词汇错误,提供文体特征分析、文本分析、语句结构分析、练习测试题库自动生成等各类语言教育方面的辅助功能;而语料库则通过大量保存各类新闻报道、文学作品、政策法规等例文数据库,通过统计分析等方法来辅助分析语言特征,也可以用于写作阅读训练、题库生成等各方面;虚拟现实则采用 AR 或 VR 产生语言应用的临场感,而泛在设备则指采用手机、PDA、游戏机、平板电脑等移动设备开展语言学习,达到随时随地可进行学习的目的。日本目前研究案例最多的就是前三者,以下依次展开分析。

（1）听说辅助系统

辅助语言听力和会话的方法主要有两类。第一类是 Skit 模式,即采用以传统的问答形式组成的短剧结构模式,尤其是在初中级语言学习阶段和听力考试中比较常见,此类系统多采用循环式反复练习为主。第二类是采用声音语言处理（Spoken Language Processing）辅助训练,如采用视频加上音频和字幕,将三者结合进行半自动化处理后,让学习者具有临场感,可以对学习者语音语调进行分析处理,如分析日本人英语发音特点,抽选重复率高的发音,将其内容可视化,辅助学习者及时修正,或对比母语发音和第二语言学习者的发音，进行音韵音调等差异分析，进行对错判断，提供修正意见等。

（2）阅读辅助系统

阅读辅助系统主要是通过自然语言处理（Natural Language Processing）等技术辅助文章和句子的理解，也包括翻译、句子对比、含义处理等内容。例如图31中的"asunaro"系统采用日语的语法、词汇、词形变化等构文解析和形态素解析，对日语进行结构化分析，逐一分析句中每个词汇的读音、表记、词性、活用、句法等，以树状结构或者block结构进行可视化显示。再比如"Reading Tutor"系统，主要包括句子分析、翻译工具、词典查询、阅读教材等功能，为日语学习者提供阅读理解辅助，该系统在互联网上可以免费使用（http://language.tiu.ac.jp/），在文章解析框内可以输入日语、英语、德语、荷兰语、西班牙语、波斯语等，还可以对输入的句子进行级别判定。

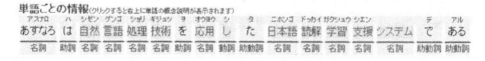

图31　"asunaro"系统示例

（3）写作辅助系统

写作辅助系统主要采用语料库（Corpus）等进行语句用例检索和对比，对学习用例进行提示和对比，也可以对学习者的语句结构和词汇进行提示。由于日本语料库版权限制原因，语料库研究受到一定限制，也有利用Google、Yahoo、Excite等在线翻译进行机器翻译辅助学习的研究案例。如用例检索系统 SOUP（Illustrative-sentences Search Tool Using Phase Structure）采用句法结构信息分类提示各种用例，对关键词、词句、词性等进行提示分析。再比如"natsume"用例检索作文辅助系统以外国留学生日语学习者为对象，在互联

四 日本新媒体教育应用与研究

网上以 Web 界面提供句子检索和例句检索功能，对同类词性、句型等提供相关例句。

另外还有采用系统自动判定的写作辅助系统，如采用 automaton 机制对正确的句子类型和典型错误例句进行对比提示，帮助学习者理解和避免各类常见的写作错误模式。

（4）语言词汇学习辅助系统

语言词汇学习辅助系统主要采用词库文本处理、语音处理、可视化图像处理等手段对词汇书写、读音、含义等进行提示学习。如汉字笔画提示系统，以 GUI 可视化界面，采用触摸设备直接书写判断正误，并且可以查询词汇含义及发音，进行提示学习。再比如，采用可视化知识地图，构建语言词汇数据库，对同类词汇或句型进行可视化操作，并提供师生互动的协同学习环境。另外还有采用游戏方式进行词汇消除练习、基于词库的自动考题判定系统。值得一提的是，"TANGO" 系统利用 RFID（Radio Frequency Identification）电子标签将日常用品标示后，学习者利用移动设备可以在对应的物体上找到相应的单词和句子进行语言学习，起到了明显的学习提示和促进作用。

4.3 日本开放教育资源

4.3.1 发展历程

根据日本文部省的统计调查，由于日本少子化造成大学入学适龄青年人数减少，2013 年高中毕业总人数仅有 108.8 万人，其中大学入学率为 53.2%（不含高职高专），而相对的美国大学入学率是 74%，OECD 国家的平均值是 62%。今后大学教育资源如何在未进入大学教育的人群中起到作用，追赶上其他发达国家的教育水平一直是日本教育界的重要课题。近年来日本积极开展各类利用信息技术的教学实践和研究，尤其是开放教育，建立了以大学为主导的JOCW，以团体组织为主导的JMOOC，以及由总务省主导的地区网络市民塾等。

21世纪初美国开放教育资源（OER：Open Educational Recourses）兴起，随后开始了对大学教育开放化、国际化和免费的积极改革，日本也紧随其后，在美国麻省理工学院推出OCW（Open Course Ware）项目之后，日本在2005年也出现了JOCW（Japan Open Course Ware），成为日本OER的开端。日本学者福原从国际OER发展角度将开放教育划分为5个阶段，如表22所示，主要发展特点是从刚开始的纯粹课件共享到重视交流互动，从单一的教育界发展到社会化价值认同，从有限群体到大规模信息传播。

表22 开放教育历程划分

阶段	关键词	主要内容	代表项目
1	从封闭到开放	范式转变	OCW
2	富媒体化（rich media）	课程视频在线播放，移动化环境	YouTube、iTunesU
3	学习共同体形成	维持学习者学习动机	OpenStudy、P2PU
4	技能和学习水平的评定	学习者的价值创造和社会认知	OERU
5	MOOCs	大规模数据分析、Learning Analytics	Coursera、edX、Udacity

（1）大学主导的JOCW

2004年11月在东京召开了以各大学为主的国际OCW研讨会之后，受美国麻省理工学院的推荐，次年5月日本以大阪大学、京都大学、庆应义塾大学、东京工业大学、东京大学和早稻田大学等6所一流大学建立了日本开放式课程联络会。其后，2006年4月美国麻省理工学院等多所大学在京都大学召开了第一届OCW国际会议，在此会议上宣布正式成立国际OCWC（Open Course Ware Consortium），同时随着北海道大学、名古屋大学和九州大学等三所大学的加入，联络会改组正式成立Japan Open Course Ware Consortium（简称JOCW）。该组织刚开始仅有大学自愿参与，由各大学自主掏出经费运营，后于2008年改为会员会费制，设正会员（大学）、准会员（非营利机构）、赞助会员（其他相关机构）等三类会员，截止到2012年底共有23所大学作为正会员参加，另还有3个准会员和15个赞助会员，相比整个日本的782所大学来说仅占2.9%。而在国际OCWC加盟数量来说，日本仅占12.3%，排在美国、西班牙、中国台湾地区三者之后，随后参加的还有韩国、中国、英国等。由此可见JOCW在日本国内属于极少数群体，发展比较缓慢，属于日本少数大学主导型的开放教育模式。在课程上，JOCW共公开3 061门课程，其中仅489门为英语，主要仍然还是用日语，其他语种几乎没有，多语种化发展缓慢使得用户使用受限。

根据JOCW公开的调查结果显示，日本国内对于OER认知度仅两成左右，2011年每月访问量约为85万，而2013年约100万，与其他国家相比相差甚远。从访问源来看，来自日本和美国的访问者居首位，其他国家和地区的都在5%以下。

JOCW的开放教育模式主要采用架设专用服务器运行免费的资源共享平台，如公开大学课表，以自愿方式鼓励教师上传课件，多为文档格式，也有部分为录制课堂教学的视频和语音。使用者可以通过跨校检索关键词，通过检索结果进入对应的教学资源页面，利用平台提供的视频知识共享技术（Scene Knowledge）可以在视频播放界面写下评语进行简单的对话交流。

该组织由于比较松散，并没有如韩国、中国台湾地区等有着强大政策和资金支持，主要靠参与单位自行组织，也没有任何盈利来源，部分还属于实践研究性质，在2014年以后基本上没有任何发展。另外还受到日本严格的著作版权法规限制，教师完全以自主自愿形式参与，所以课程数量偏少，更新速度非常慢。

（2）社会教育的OER

JOCW主要局限在日本少数大学，而作为面对社会教育的开放教育资源，衍生出诸多其他类型。日本近年来由于少子化、老龄化问题凸显，经济疲软造成非正式雇佣和自由职业者与日俱增，急需利用社会教育来补充高等教育体制下人才培养的不足。因此，日本政府在社会教育方面下大力气，中央教育审议会 2008 年答申中就强调要在"开拓新时代的生涯学习（即终身学习）的振兴方针上努力构建知识循环型社会"，积极支援企业人才培养，通过各种项目推动社会化成人教育，提供多样化的学习机会，产学官三界合力支援"生涯学习推进体制"，构筑"生涯学习平台"。这种政策体现在教育领域就是重视社会开放教育资源的应用，如以总务省项目主导的互联网市民塾、基于 iPod 的 podcast、基于智能手机的 iTunesU、利用 YouTube 开设的在线教育课程、以流媒体收录大会视频的日本 TED、以知识地图概念为基础的 ShareWis、以初中等教育为对象的 wiquitous 等等，形成各类多元化的开放教育资源。

具有产官学联合特点的 OER，如以日本总务省为主导的 u-Japan 下属子项目"ICT 地区活性化 Portal"，目的在于集中当地市民志愿者利用互联网开展各类学习讲座，所有课件资源完全免费公开，并且可利用市民中心场地进行面对面的授课。其中，富山互联网市民塾作为该项目的典型代表，主要利用本地人才作为志愿者建立各类教学资源，通过互联网大规模传播知识，积极开展专业技能培训，提高本地就业率，将知识还原为地区经济动力。自 2010 年开始运营 e-portfolio 平台，对授课教师、学习者提供学习履历记录功能、学习分析建议功能、学习记录共享功能等多种免费服务，通过这种服务横向联合企业职业技能评价、高等教育和职业教育的信息共享，并且参考欧洲"Europass"的运营模式，提供 e-passport 用来记录和证明学历、职历、技能等内容。如图 32 所示，富山互联网市民塾"终身学习平台"具体分为三个部分，第一部分以电子学习档案记录个人学习和社会活动，对于持续性学习效果进行评估和建议；第二部分联合大学、地区各类教育机构、就业支援机构等，颁发 e 护照，作为履修证明和社会活动实践证明，提供就业和创业的无缝连接体系；第三部分则提供小学至成人的终身教育支援体系，扩大终身教育的社会化效应。

四 日本新媒体教育应用与研究

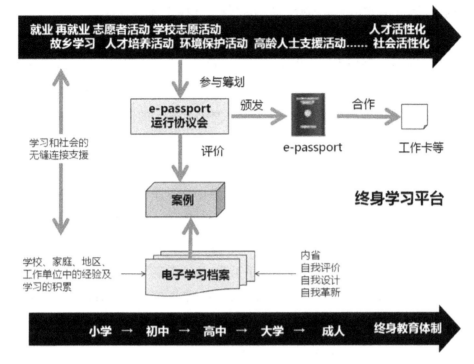

图32 富山互联网市民塾"终身学习平台"

作为面向社会教育的OER课程特点在于在线课程和线下活动相结合,通过"故乡学习""人才培养活动""环境保护活动""高龄人士支援活动"开展各类公开课程,提供免费的开放教育资源,学习者可利用市民中心教室面对面听课,也能够网上下载课程资料和查看课程视频,参与各类体验和实践活动。所有课程或活动均配有学习记录和评价的跟踪服务,最后根据学习成果颁发e-passport作为证明材料,根据能力和经验推荐给就业指导中心和相关企业,使得教育成果与社会就业直接挂钩。e-passport上面详细记录了认定项目名称、所学课程名称、学习时间等内容,根据学习者的情况可以灵活使用,例如对于高中生学习的"职业设计课程"后,可用于升学、就业和地区活动,大学生则可参与企业招聘会、创业等,而普通市民除了参与听课外,还可根据自己专长设立自己的课程,成为社会人讲师,通过自己的能力和经验来帮助其他市民。实际上,互联网市民塾提供的所有课程都是由普通市民自愿提供的，再加上有富山大学等教育机构的支援，使得社会教育资源回馈社会。

互联网市民塾除采用互联网进行教育支援外，还开发了智能手机对应的电子档案系统，利用手机可以很方便地查看学习记录，利用 Facebook 等 SNS 进行学习交流，制作自己的学习档案，并且可以通过自己的"案例"向朋友、教师、用人单位等传递个人信息，成为人才技能展示的良好平台。除开展网络课程、面对面授课外，还联合各类机构召开各类活动，比如举办的定期社团研究会，联合 NPO 组织开展公益活动和自愿者活动，制作电子教材。如 e-craft 手工艺图鉴，该项目作为富山互联网市民塾的公开课程获得了日本独立行政法人国立青少年教育振兴机构儿童梦想基金的资助，先由小学生实地采访收集各类手工艺人制作的情况，进行体验式学习，然后将采访内容编辑成电子教材的形式制作成为电子教材"e- 手工艺 cloud 图鉴"。该图鉴将日本各类手工艺人按工作分类排序，加上声音、动画、插图等进行详细介绍，对于今后意欲开展体验学习的教育工作者不仅提供免费的教材资料，还提供教材的使用方法、策划方案、注意事项等各种内容。

除此之外，富山互联网市民塾还与富山大学人间发达科学部开展共同研究，通过网络公开课程将大学教育资源社会化；面向高龄人士组织开展 ICT 无障碍支援活动，介绍智能手机、触摸终端等各类设备的使用方法，在将信息技术教给老年人的同时，也将他们宝贵的职业经验收集保存下来，促进老人积极利用 ICT 参与社会活动；开设故乡讲师培养课程，募集熟悉本地风土人情和经济规划的人才，为今后提高地区经济效应培养人才。

富山互联网市民塾自 1999 年开始运营以来累计有数十万人接受免费课程学习，并且影响到周边十多个地区，在其影响下和歌山互联网市民塾于 2004 年建立，不到三年时间就推出数百类讲座，利用人数达数千人。此外还有德岛互联网市民塾、TOSAHACHIKIN 互联网 SFC 市民塾、尾道互联网市民塾、熊本互联网市民塾、生涯学习支援福岛 AKATSUKI 等诸多机构，取得了广泛的社会效应，从参与者的反馈中可以看到不少积极响应的声音，还有通过学习这类开放教育资源成功创业的案例，这不仅扩宽了当地教育资源的应用途径，而且推动了地区经济发展的良性循环，提高了社会化开放教育资源的实际使用效率，相比以高等院校主导的JOCW而言更加具备社会化实践效应。

另外，日本还以地区合作为基础，建立各类开放教育课程，如防灾市民塾，在神户防灾乐习连携促进协议会、当地市民、消防机构、教育机构等的支持下，成立防灾学习小组，组织当地中小学140多人每月开展防灾学习会，采用网上学习、实践调查学习、社团交流的多种形式，同时作为学校防灾教育的一环让市民家长和儿童参与到防灾活动中，从阪神大地震中学习到实践性的防灾知识，作为学习成果制作出电子版本的防灾福利社区地图，提供给抗灾能力较弱的群体，防灾训练物资标示，成为网络版的防灾教材。

（3）基于团体组织的JMOOC

如前文所述，JMOOC作为一般社团法人运营开放教育平台，主要经费来源为企业投资和会员会费，联合日本的大学、研究所、企业等，基本理念是以产业界和教育界联手创建面向日本和亚洲的MOOC，致力于将学习所带来的个人价值扩展成为整个社会共有价值。目标是实现高水平的学习履修管理，使履修认证的价值得到社会公认；面向学生、社会人员等各类学习者提供高等教育机构专门知识和企业的实践化实学知识，促进社会的继续教育体系的完善；面向东盟等各国提供知识和信息，为希望来日留学和日企就职的学习者提供学习机会；使用MOOC作为预习教材推动翻转学习（Flipped Learning）的普及，促进大学教育改革；灵活利用ICT技术支援教育，存储大规模在线学习数据进行学习分析以促进信息反馈和持续性学习，推动各类学习支援技术的实践研究；将知识反馈给社会，使得其进一步升华为整个社会的资产，推动各类技术、制度、政策、组织的确立和改革。

4.3.2 研究现状

为掌握日本在开放教育资源方面的研究情况，本文以日本CiNii（Citation Information by NII）学术信息数据库为准进行数据收集。日本CiNii是由日本国立情报学研究所（National Institute of Informatics）开发的日本学术期刊数据库，是目前世界上最大的日文学术期刊网，涵盖所有日本国立信息学研究所的学会刊物、各大学的学报及研究纪要、国立国会图书馆的期刊新闻、各研究机构的相关刊物以及科学技术振兴机构的数据库，收录论文数 1 500 万篇以上。根据对 OER、OCW、MOOC 等英语和日语词汇为检索词进行循环组合检索，共获得 257 篇相关度较高的文献，具体分析如下。

（1）年度分布分析

从文献的年度分布上来看（图 33），2001 年第一次出现与开放教育资源相关的论文，原因在于 OER 始于 2001 年麻省理工学院的 OCW 项目，日本学者立即关注到该项目在教学资源上引发的巨大变革，2001 年的两篇文章其中一篇为介绍麻省理工学院 OCW 项目，而另外一篇则探讨麻省理工学院 OCW 项目所带的著作版权问题。

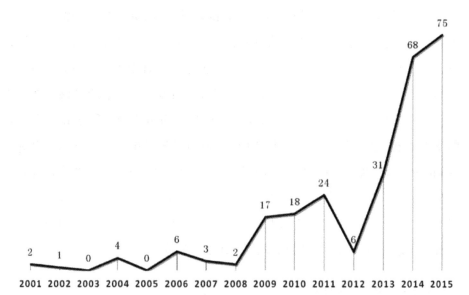

图 33　日本 OER 相关文献年代分布

2006 年为 JOCW 建立年度，因此以该年为界，其后直到 2011 年文献数量基本上呈上升趋势，尤其是在 2009 年和 2011 年日本工学教育协会分别在

JOCW 参与校的名古屋大学、北海道大学等举办全国大会，而在 2010 年日本东北大学举办的全国大会中则专门设立"OCW 及其应用"专场，与会学者大量发表相关论文，内容涉及 JOCW 参与校的资源建设、开放教育资源的实践应用、著作版权问题和社会效应等内容。其后从 2012 年开始论文数量急剧下滑，究其原因在于 OCW 出现了诸多问题，国际上已经注意到了 OCW 虽然能带来很大的社会影响，但是也存在着效果无法评估，数据难以收集，学习者无法互动，教师参与度低等情况，而 2012 年则因为 MOOC 刚出现不久，仅有数篇有关综述欧美动向的文献，2013 年在 JMOOC 成立后出现不少相关论文，其后日本教育工学会、日本教育信息技术学会等组织的会议和相关学术期刊上集中讨论了 MOOC 的教育研究实践，随后论文出现猛增，说明今后开放教育相关研究将作为日本研究热点，持续增温。

（2）类别分布分析

从发表期刊的类别上看，涉及教育类的占半数，其次的就是信息通信类，约占 15%。这说明关注 OER 的学者主要在教育与信息通信领域，并且教育出身的学者居多，研讨开放教育资源综述、教学实践等内容的居多，说明开放教育资源仍然处于建设阶段，需要大量的技术人员进行基础资源建设和理论模型论证。

从内容的比例上看，涉及 OCW 和 MOOC 的最多，前者有 76 篇，而后者则为 161 篇。OCW 主要以大学为基地进行教学资源公开化，所以相关论文多数以 OCW 参与校的情况为主进行综述或者教学实践，实际上研究对象多局限在教学资源建设本身和使用者情况分析，由于 OCW 只是公开教学资源，所以也很难掌握利用者的真实情况，无法获知是高校学生还是社会人士，在社会效应和学习分析方面难以着手。而 MOOC 论文从 2013 年开始猛增，介绍性论文或者实践报告性文献居多，比起 OCW 更加具体化，在学习分析、平台建设、学习效果分析、教学方法和实践等方面有着非常详细的论述，但是由于 MOOC 开展时间不长，多以具体的课程获得相关教学实践数据，多为案例分析，不具备普遍含义，教学效果和社会效应还有待进一步证实，新的学习模型和教学模型并未正式建立，还处于摸索阶段。

具体分析文献的内容可发现早期研究以计算机辅助教学和介绍性综述为

主，中后期由于 JOCW 和 JMOOC 的运营，出现了不少以实践分析为主的论文，主要涉及电子教材开发、系统开发、著作权问题、翻转教育、学习共同体、搜索引擎、云服务等诸多问题。例如，《OCW における連携活動：グローバル横断検索サービスの開発》讨论了课程信息检索的问题；《Re-production of OCW Content for Various Mobile Devices：An Example of "Medical usage & learning of Hakka"》通过实践案例研究分析了移动设备利用 OCW 的情况；《ビデオ録画によるデータベースの構築及びその教育コンテンツとしての利用を考えたより効果的な授業公開相互参観制度(OCW)の提案--より効果的な授業のために》探讨了采用 OCW 视频进行协同学习的效果；《Open Course Ware を用いた聴解指導：講義のききとり練習のための一試案》则采用 OCW 进行外语听力教学实践。在学习效果和社会影响方面，《東京大学における「教育の情報化」：東京大学オープンコースウェア(UT OCW)と iTunes U の運営と活用》一文考察了东京大学 iTunesU 的使用情况，研究发现在东大 2010 年导入 iTunesU 后，使用者不仅可以查看免费视频还通过附带的相关链接查阅东京大学 JOCW 的网站，使得该网站的访问数量迅速上升，并且大部分使用者是通过 blog、Twitter 等社交媒体进行信息传递的，由此可见社交媒体在社会宣传方面远比门户网站的宣传更为有效。而 MOOC 相关文献中，主要有国际对比、教学方式、大学教育改革、教学实践、学习分析等方面，如《オープンエデュケーション：開かれた教育が変える高等教育と生涯学習》讨论了由开放教育对大学教育与社会教育的变革，《JMOOC の講座における受講者の e ラーニング指向性と相互評価指向性が学習継続意欲と講座評価に及ぼす影響》通过 JMOOC 的讲座对 e-Learning 的课程效果进行实践评价；《MOOC プラットフォームを利用した大学間連携教育と反転授業の導入—北海道内国立大学教養教育連携事業の事例から—》通过大学 MOOC 课程进行实践案例介绍和分析；《MOOC における大規模学習履歴データからの受講者の学習様態獲得》对大规模学习履历数据进行学习分析和数据挖掘，分析学习者的学习形态和学习效果等。

另外，OER 还有对比性研究论文，如美国、韩国、中国对比分析，这说明

四 日本新媒体教育应用与研究

日本除从美国吸取经验外,还注意参考其他国家的情况,在日本文部科学省和总务省世界信息技术和教育相关报告中也出现了相关对比调查资料,值得参考。

（3）研究现状分析

日本的开发教育经历了三大阶段,依次是电视讲座等通信教育阶段、以 OCW 的大学课程开放化阶段、以 JMOOC 和社会终身教育为主的社会化开放阶段。综合日本开放教育资源的发展历程可见日本的发展历程与欧美,尤其是和美国非常近似,尤其是 OCW 和 MOOC 基本上照搬了美国发展模式,基本上在没有国家政策扶持的情况下,创建协调性机构,积极开展开放教育资源建设,取得了一定的成效,并且通过具体的研究和实践发现了不少问题。

第一,OER 的教学资源内容和形式有限,以大学课程为主,使得开放教育资源实际上是大学的教育资源的开放化,仅 2.9% 的大学参与 JOCW 说明示范效果不高,JMOOC 参加大学也不足 5%,缺少初中等教育的资源,终身学习等面向社会的教育资源也多半是将教学内容上传共享,使得 OER 的实际适应能力偏低。以 JOCW 为主的教学资源信息陈旧,教学课件和视频更新频率低,提供的资源主要为 pdf 等格式的文档,仅有部分课程有视频内容,并且各学科参差不齐。整体上缺乏学习支援机制,难以形成学习共同体,学习过程得自我负责,无人评价,与其说是支援社会学习,还不如说是将教育信息公开化,而公开之后就鲜有下文。其次,OCW 的内容即便是视频也是原封不动照搬课堂内容,每次课时间较长,多为一个半小时左右,有的甚至更长,对于社会人来说很难抽出这么多时间坚持学习。JMOOC 则吸取了 JOCW 的教训,通过 MOOC 平台加入交流互动、翻转学习、学习评价等功能,注重学习过程和学习共同体的构建,但课程的体系化、教学效果、与其他课程的延续性等内容还需要通过更多的实践进行深入分析,同时 MOOC 的课程形式和学习方法也需要新的技术提出更多要求。

第二,教育机构的改革和教学方法的效果有待验证,仅公开资源并不能带动教育的改革,面对更多的学习者需要有更好的教学方法和评估模式。分析日本 OER 的文献发现涉及教学方法尝试的论文为数不多,从教育实践而言简单的教育资源共享无法对学生进行分级测试,教师无法获悉每个学生的水平,学习者本人也很难获得比较严谨的分级评估。目前 MOOC 的实践出现问题比较多的是，初期开课报名人数众多，但坚持到底的不到十分之一，失败率很高，并且少数群体的教学方法和数万人规模教学方法有所不同，实际上大规模同时同享资源非常困难，数万人同时检索和访问同一文件不仅服务器难以承受，而且技术上还有待提高。

第三，国际化中语言障碍使得日本 OER 难以面对更多学习对象，而版权及数据隐秘性造成 OER 很难完全公开。日本 OER 基本上以日语为主，非日语母语学习者几乎无法学习使用，JOCW 和 JMOOC 虽然有部分课程的翻译，但需要大量的人力、物力和财力，带来的效果又无法继续评估，更何况 OER 的主要概念是免费化、社会化、公开化，实际上盈利模式还不清晰，社会认可度仍然不高。另外，OER 的大规模学习数据并未开放，并不属于开放数据（Open Data）范畴，教师和研究者并不能掌握所有数据，很难进行有效的数据挖掘分析和科学重复性验证。

第四，政策和体制等方面存在诸多障碍，短期内社会化效果还需要评估。在日本很难通过 OER 而获得高等教育入学推荐和获得奖学金等机会，对于外国留学生来说，不可能通过 OER 进入日本高等教育机构的升学渠道，如何对 OER 的教学成果进行社会化认定，在学历和学位方面还存在很多问题。而在知识产权方面，OER 多采用的是 CC 协议（Creative Commons license），存在许多细节问题，日本相关法律法规制定进展缓慢，若无获得授权则很难以公开的教育资源为基础进行引用、深化、再加工，这样也影响了 OER 的实际效果。

第五，日本商业化的培训主要由企业和培训机构承担，OCW 和 MOOC 则面临着与这些具备完全成熟运营模式的机构竞争。日本教育现场的实际情况是，初中等教育中若要升学，有着非常成熟的私塾，如东进、公文等，语言学习、资格证书类的考试则有商业化培训学校，如 ECC、LEC 等，若是企业岗位培训，则是一条龙的企业培训机制，此外还有大量的职业技能学校和各类培训教室，若要与这些机构进行竞争，在有限的市场需求面前，OER 领域开展可持续化的课程服务，获得社会认可还有很多问题需要解决。

第六，OER 的标准还未统一，各类教育资源格式互相转换存在困难，缺乏权威机构对相关数字化教育资源制作标准进行定义，比如电子教材制作标

四 日本新媒体教育应用与研究

准、学习数据标准、MOOC 平台制作标准。

近年来日本 OER 逐渐获得政府的支持,在产官学等合作方面具有一定改善的前景,知识产权法相关法律法规和信息技术标准化统一的制定逐渐受到重视。JMOOC 等机构已经开始致力于解决语言和国际化问题,在避免重复建设的同时,积极引进国外的 OER,如利用社交网络等新媒体的力量,同时将日本和其他国家 OER 对接起来,实现教育与国际接轨,在国外 OER 成功经验本地化方面还需多加研究和实践。注意教师科研与教学的平衡性以及商业化投资与教育实践的平衡性,在促进教学质量的同时也能提高社会效应。在 OER 相关提供单位和个人方面提供良好的沟通机制和认证体制,确保课程培养体系和评价体系获得科学客观评价,以促进社会效果和学习效果的良性循环,如 JMOOC 的平台建设由教师、TA(Teaching Assistant)和智能系统提供配套的学习支援,提供作业、测试、学习者间相互交流、批改作业、小组协同学习、学习共同体、学习档案记录等多种功能,并应对学习者时间和内容需求,制作时间短而适应性强的课程资源。尤其是在 MOOC 平台上功能开发和学习分析研究上更加注重学习实际需求,在翻转学习、混合学习等各类新学习模式方面继续加强研究,继续提高 OER 的教学质量和数量。

4.4 电子教材

4.4.1 中小学电子教材

电子教材实际上属于电子书籍的一类,主要用于学校教育用,如图 34 所示,和传统的纸质教材差异在于多采用数字化形式,利用文本、图片、声音、动画等多媒体素材展示教学内容,一般还会基于互联网具备检索、统计、记录、反馈、交互等功能,可以实现网络资料检索、反复利用、在线考试、学习和成绩管理,再配合各类学习辅助软件进行各类学习活动。日本的电子教材除以日本政府主导的电子教材开发外，日本诸多单位也在开发各类电子教材，以满足学生的多样化需求。由于日本著作法的版权保护，导致日本教材开发迟缓，以中小学电子教材为例，即便是日本文部科学省"学习革新事业"推出的一套电子教材，仍然还是以纸质版教科书数字化的思维模式为主，而实际上真正要开发一套电子教材，主要以出版社为主，各类公司和团队为辅的制作形态，而对于后者来说，完全从零开发一套教材，需要首先经历纸质版教材编辑的过程，同时推出纸质版教材和电子版教材的单位不在少数，而且制作费用高昂，发行面有限，导致使用人数偏低，难于推广。

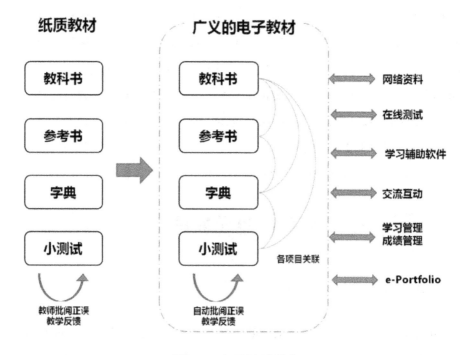

图34 电子教材特点

日本电子教材一直都是各开发单位独立研发，并没有一个统一的标准和数据格式，涉及诸多部门，如图35所示的文部科学省和教育委员会主管政策制度制定和采购，编著者和教材制作公司要求版权和内容的保护，而师生则看中实用性,但是这些部门都不直接管理统一化标准的制定和后续的管理服务,还得依赖于第三方机构,如标准化团体和教务服务商横向组织联合各部门研发,却很难有权威性和执行力。再加上电子教材依赖于设备、OS、浏览器、播放器等,采用 Flash、SVG、PDF、ePub 等各类格式,在 2010 年以后,通过官方项目引导,如"学习革新""未来学校""电子教科书研究开发项目""先导性教育系统实证事业" "ICT Connect 21"等,开始对开发标准、内容制式等进行标准制式的实践探讨。

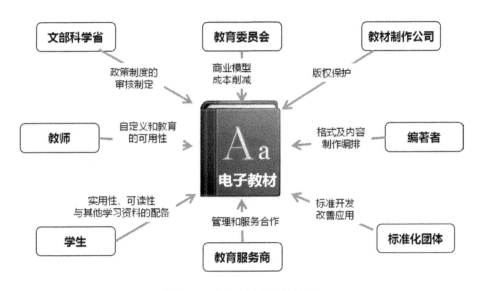

图 35　电子教材相关部门

以文部省"学习革新事业"中电子教材实践为例(图 36),通过开发电子教材和配套应用软件,将学生和教师以终端设备和用户账号分开进行不同功能和界面的处理,所有信息全部保存在指定的管理系统中,通过师生的登录,进行数据收集、分析和管理等功能。而学生用电子教材以纸质版教材内容为参考,通过纸质版教材的扫描图片、文字、图像、声视频、交互链接、VR 等进行素材的显示,再配合各类学习辅助应用软件(主要以 App 为主),进行协同学习、个别学习和用户个人管理等。

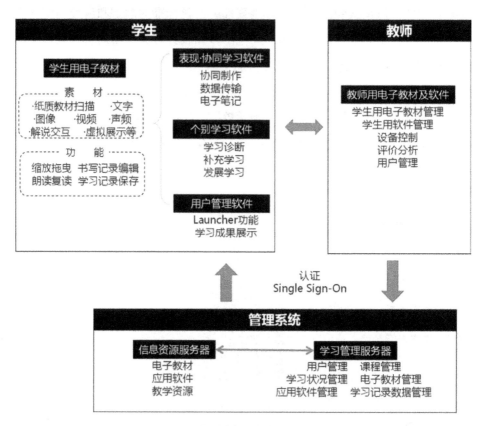

图 36　电子教材综合服务平台

另外，在电子教材标准方面，表 23 显示了标准制定的相关部门，如由文部科学省建立电子教材等标准化企画开发委员会，通过策划调查、教材制作、平台开发等，对电子教材制作平台、规格等进行研究探讨。电子教材的诸多标准中，如 Adobe 公司的 eBook、夏普的 XMDF、索尼的 BBeB、开源的 EPUB 等，值得注意的是日本最近在电子教材上逐步在推进统一标准，以日本电子出版协会（JEPA）为主，极力推广 EDUPUB 标准，其采用基于 HTML5 的 ePub 3.0 为基础，在 IDPF、W3C、IMS 等方面均可以用于辅助学习功能开发，且标准公开免费，容易编辑，开放性比较好。

四 日本新媒体教育应用与研究

表 23 日本电子教材标准动向

名称	（文部科学省）电子教材等标准化企画开发委员会	（总务省）教育领域最先端ICT应用相关调查研究
承接单位	电通	JAPET
开发平台	EPUB3	HTML5

由于日本政府的政策引导和项目实践已经逐渐在教育一线起到了带头作用，根据一般社团法人教科书协会的调研报告显示，2013年中小学的教师用电子教材类普及率为42%左右，已发行的学生用教材中58%均有对应的电子教材。通过"产官学"横向合作出现了不少优秀的组织和项目，以"日本先进教育信息环境整备推进协议会"的电子教材为例进行分析。该组织是1998年产官学联合成立的教育辅助机构，以辅助学校教育以及完善校园信息化环境为目的，通过政府政策的引导，联合企业和大学共同推进中小学教育的信息化，内容包括电子教材开发、信息教育辅助人员派遣、国际交流和ICT设备的应用实践和开发等。其中电子教材是开发中小学数学、国语、英语、理科、社会等科目以及特别支援教育的电子教材，提供在线远程教育服务，部分电子教材在互联网上公开供学习者免费使用，同时配合学校的教育模式和信息化环境展开一系列电子教材的教育实践。

这类教材根据类型分为课堂教材、教科辅助教材、课外兴趣教材、专题辅助教材等，如表24所示，课堂教材主要以辅助中小学各个科目的教学，如数学、社会、理科等科目，以纸质教材和教学内容为基础；教科辅助教材以学科辅助为主，内容比较宽泛；课外兴趣教材以课外活动为主，辅助学生开展教科外的兴趣爱好开发为主；专题辅助教材则以非教学科目的内容，开展专题知识辅助，扩展知识面等。

表24 电子教材分类

类型	教材名称	内容	时间
课堂教材	英语发音ABC&异文化理解	小学三年级以上,综合学习课程(英语)	1999年
	工业产业传统技术和我们的生活《近代工业篇》	小学五六年级社会课和初中一年级社会课	2000年
	工业产业传统技术和我们的生活《传统工业篇》	小学三四年级社会课	2001年
	我们的松原市	小学三四年级社会课,采用动画视频、VR、地图等结合开发	2002年
	河川和我们的生活	小学五六年级和初中二年级理科	2002年
	分数计算	小学三至六年级算术	2003年
	读写支援	小学三年级至初中三年级,特别教育支援	2008年
	儿童学习记录	小学三年级至初中三年级算术,特别教育支援	2009年
教辅教材	算术·数学习题	小学数学辅助题库	1999年
	快乐体验,社会技能	特别支援教育社会性能力教材	2005年
	天商 special list	大阪市立天王寺商业高等学校专用商务教材	2006年
	数的力量	特别支援教育数字学习教材	2006年
	生活虚拟社区听说读写	特别支援教育社会生活辅助教材	2008年
	从擅长·不擅长开始的特别支援教育教材	特别支援教育	2012年
课外兴趣教材	去博物馆吧	与吹田市立博物馆合作开发,综合学习时间和调查学习课程的使用	2001年
	书海大冒险	面向小学生的图书推荐和检索	2002年
	大和川与大阪平原	大阪地区河流和地势的学习介绍视频	2002年
	八幡市数学科弱点克服教材	以面积、比例等几何问题为主	2004年
	网络OER	生涯学习数字教学资源几何	2005年
专题辅助教材	Village of School	中小学国际交流学习,以视频、照片、360度VR进行学校和文化介绍等	2000年
	儿童用日韩翻译系统	日韩双语自动翻译系统,支持日韩小学国际交流	2001年
	教育信息网络·八尾学校网络	八尾市立学校、教育服务所等用于学校间互相交流等	2002年
	IMB主页制作远程学习系统	网页制作辅助教学	2002年
	计算机知识入门	计算机基础知识介绍	2003年
	喂喂为何能传递到呢	手机基础知识和原理介绍	2004年
	信息社会的光和影——伦理与素养	信息教育用教材	2004年
	不上学·家庭学习支援	大阪府松原市e-Learning辅助学习	2004年
	未来教室	以大阪大学"未来教室"讲坛视频教材	2008年

四 日本新媒体教育应用与研究

比较具有特点的电子教材有英语发音 ABC& 异文化理解（1999 年）、工业产业传统技术和我们的生活（2000 年文部省）、教育信息网络和校园网（2002 年大阪府八尾市）、IMB 主页制作远程学习系统（2002 年）、数学弱点克服教材（2004 年京都府八幡市）、逃课·家庭学习支援系统（2004 年大阪府松原市）、天商商务人才教材（2006 年大阪市立天王寺商业高等学校）、数学的力量（2006 年文部省）、生活虚拟社区听说读写（2008 年文部省）、儿童学习档案（2010 年特别支援教育设计研究会）、从擅长·不擅长开始的特别支援教育教材（2012 年特别支援教育设计研究会）。

作为非官方开发的电子教材首要目标是开放化和社会化，大部分教材都是提供给中小学免费使用，除教学课堂上应用外，也能辅助课外教学，着眼于广泛、免费、自我学习、专题学习等方面。比如特别支援教育的电子教材就是为了不能正常上学的特殊儿童所开发，大量采用动画、手绘卡通角色、视频、VR 技术等弥补了纸质版本的内容生硬、无法互动、信息固定等缺点。以"书海大冒险"为例，该套教材是与大阪府立国际儿童文学馆合作开发的读书支援软件，作为日本第一个面向儿童的阅读活动辅助软件，收录了由专家选送的 8 500 册图书，模拟知识的海洋，根据各个年级学生的学习能力和汉字水平，提供不同级别的课外阅读资料，尽量解决儿童在面对众多图书海量信息时无从下手的问题。使用流程上，进入主界面后分为"分级查询"和"游戏娱乐"两个部分，逐步引导让儿童驾驶自己的轮船去寻找图书，如对地理感兴趣选择了澳大利亚，则驾驶潜水艇模拟进入澳大利亚作品区，然后随机产生儿童图书的范围问题，比如"你觉得现在还有妖精的存在吗？"直到搜索到孩子感兴趣的内容为止。"喂喂为何能传递到呢"的电子教材是为了向小学生简单易懂地介绍无线电波、手机电话、视频会议的工作原理，采用动画交互的形态，既可以作为自学教材，也可以为教师在课堂上演示使用。"数力量"作为文部省项目之一，主要针对小学数学课程，动画设置了家庭、学校、社会等不同的场景，在学习中植入游戏的模式，教育孩子灵活使用数学原理解决生活中实际存在的各种问题。在学习完尺寸的内容之后，可以进入实际模拟环节，孩子可以自由选择自己动手想要做的椅子、桌子等家具，然后根据刚才学习过的内容测量裁剪，做到即学即用；在加减乘除环节中利用购物环节让孩子选择省钱的组合方式。

值得一提的是"特别支援教育专用教材"，专门用于提供给需要特别支援教育学生开展特定的学习辅助。根据日本文部省的定义，所谓"特别支援教育"指的是以帮助残障儿童自立和参与社会为目的，掌握每个儿童的教育需求，为提高他们的能力，助其克服或改善在生活学习上的困难，给予适当的指导和支援的教育活动，主要教育对象是患有听觉、视觉、肢体、智力等方面问题的儿童，广义上还包括有语言障碍、自闭症、情绪障碍、弱视、弱听、学习障碍、注意力欠缺多动性障碍、生病体弱的儿童，日本此类儿童人数已经超过了六十万。由于这些儿童情况特殊，除了 15 万左右的儿童能够去上特殊学校外，其他的孩子只能是自己呆家里由家人或者医疗机构照顾，或者和正常儿童一起上学，导致普通的正常教学无法满足这类儿童的学习需求。因此利用 ICT 进行特别支援教育有助于帮助儿童进行适应性学习，而电子教材最大的特点就是能反复利用、随时随地开展学习，由此所开发的特别支援教育专用教材都采用了专门的服务器，统一管理用户账户，免费提供，比如听说读写教材、算数教材、生活交流社科教材等等。

一般情况下，电子教材的形式多半是仅将纸质教材的内容电子化，然后配合一些图片和可控式交互界面，以软件安装的形式提供给学习者。但是这种形态下的电子教材会受到很多局限，比如缺少反馈、无法开展互动、无法及时更新信息、内容僵硬不够灵活，所以除了人机交互界面外，电子教材已经不仅仅只是教材了，而是能够通过调查问卷，系统自动判断学习者的需求，在友好的动画界面下构成一对一的教学模式，部分教材能够采用云服务器，无需客户端即可同步更新信息，能够在学习的同时利用 facebook 等社交网络建立学习共同体。登录界面后根据提示选择自己擅长和不擅长的领域，然后系统自动判断，对绘画或者声音感兴趣的孩子提供图片或语音辅助，对说话交流感兴趣的孩子提供卡片游戏，比如提供游戏方法，以协同学习的模式多

四 日本新媒体教育应用与研究

人边玩边学。对于语言文字识别有障碍的儿童,提供各种显示和训练模式。对于 LD、ADHD、高度自闭症的孩子提供"socialskil 模式",根据不同的活动场景辅助动画或者音视频,提供具有针对性的训练方法。另外,为了方便家长或者教师能否辅助儿童学习,专门提供打印教材,配合电子教材一起使用。对于怀疑有发展障碍或者听说读写障碍的儿童,该套教材还专门提供诊断表,分别针对学习能力、阅读和书写进行诊断,帮助家长或者教师了解孩子的情况,给予适当的学习辅助。

4.4.2 日语教育电子教材

在数字化学习急速发展的时代背景下,电子教材的应用与研究逐渐增多,在教材开发、版权、教学方法等各方面都急需进一步的探讨。电子教材(Digital Textbook)又称为数字教材,也叫电子教材或 e-Textbook,是以数字化形式呈现,具有纸质教材形式的电子读物,广义上包括了所有可在数字化设备上可以阅读的教材,比如扫描的电子文档、具备交互涂写功能的阅读软件、随身可携带的电子词典、基于 WEB 的多媒体教材等等。

日本在进入 21 世纪后,加大了对信息技术教育方面的资金投入,在政府主导层面,通过如"未来学校推进事业""学习革新事业""电子教科书研究开发项目""先导性教育体制构筑事业"等各种国家项目推动信息教育的发展;在教育科研界,教育机构加大引入各类信息化软硬件,增加电子教材的使用范围,相关产业和部门联合开展各类实践应用和研究工作。其中,以外语教育为主的电子教材相关应用和研究非常引人注目,例如 2010 年文部省"以英语为主的先导性电子教材开发"项目中,就小学英语和国语教材进行研发,采用个别学习和协同学习方法开展教学方法实践研究;大阪大学的"专业日语学习支援项目"则以辅助专业日语的学习开发各类读写系统,并突出采用计算机语言学、语料库等功能辅助教学。本文主要通过对日本的日语教育电子教材相关应用和研究进行综述,由于日本的日语教育主要包括两大块,

日本信息技术教育应用研究及趋势分析

一个是面向日语母语学习者的国语教育，另一个是面向非日语母语学习者的第二外语教育，因此，通过两类电子教材对象分开进行分析和描述。

（1）国语教材

面向日语母语学习者的电子教材，以日本小初高的国语教育为主，电子教材的开发受到国家和各级教育委员会的审批，尤其是在教学内容编排、教学方法和课时方面受到传统的纸质教材的限制，根据日本文部科学省2010年出台的《教育信息化展望》的定义，电子教材分为"指导者用电子教材"和"学习者用电子教材"两类，前者是用于显示在电子黑板上的提示型教材，后者是用于显示在学生电子设备（笔记本或触摸设备）上的学习用教材。据文部科学省的调查统计，2011年日本采用电子教材授课的小学为6 181所，约占全国总数的29%，初中为1 699所，约占全国总数的17%，高中则为111所，约占全国总数的3%，而到2014年，所占比例迅速上升，小学43%，初中42%，高中8%。国语和数学的电子教材使用最为广泛，主要采用集中授课、个别学习、协同学习、翻转学习等多种方式进行教学，尤其是在"未来学校推进事业"中，突破以往独立型的电子教材模式，采用云服务平台，突破传统纸质教材的限制，能让学生记录自己学习情况的同时，也能与同校师生，甚至其他学校的师生互动学习，使得日语国语教育能够进行在线协同学习、在线学习记录和统计分析。

电子教材的主要功能分为学生用电子教材和教师用电子教材，前者的功能包括各类文章语句的朗读、录放等语音功能、辅助理解的动画、图像显示及播放功能、文字或图像等扩大功能、通过声视频提示和进行角色扮演的功能、发言录放及音量调节功能、图表等制作功能、书写标记高亮等记录功能、词典及参考资料查阅功能、编辑及打分功能、根据学习情况提示教学内容的学习熟悉度调整提示功能。后者则除了学生用电子教材的所有功能外，还包括与学习者用电子教材交互功能、对学习者用电子教材的统计和分析的功能、教案制作功能、教材自定义功能。根据日本文部省"学习革新事业"的调查报告显示，尤其是对国语科的多媒体功能和分析功能在实践课堂中得到了良好的效果,在学习积极性、理解能力、课外学习时间长度、学习成绩等方面均有不同程度的提高。

以小学国语电子教材为例,图 37 显示了上述所有功能,右侧是工具栏,进行标记、书写、缩放、打印、阅读等各类功能,下方为辅助应用任务栏,可以在教材、图文、资料、测试、检索等中切换。为照顾有语言读写障碍的学生,有相关练习及纸质版辅助教材配合使用。国语教材的内容排版也突破了原有的"课文 – 单词 – 练习"的传统模式,采用思维导图、树状图、语句排序、笔顺读写等辅助语言的理解,提供分组讨论、绘画、游戏等各种教学辅助提示手段,并允许与其他科目的教材配合一起使用。

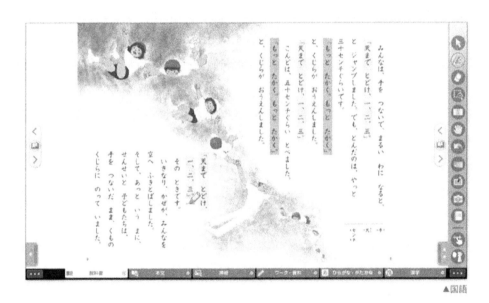

图 37　国语教材显示界面

除上述两类电子教材外,为配合教学,还会兼备云服务平台统一管理电子设备,配备有电子黑板、无线网络、投影仪等设备的数字化教室,提供给家长用的电子设备,与上述电子教材数据共享,提供学习进度分析以及远程控制等功能。

(2) 日语学习教材

面向非日语母语学习者的电子教材与前文所述的国语电子教材完全不同，主要以外国人为对象进行日语教学，从设备载体来分类可分为三大类，即以卡西欧电子辞典为代表的嵌入式可携带设备、应用于电脑的电子教材软件及系统、应用于平板电脑和智能手机等电子教材应用软件（APP）。

电子辞典又称电子辞书、电子词典，其实源于日本人对英语学习的需求，以嵌入式程序化检索、轻巧便于携带为特点，将原先厚重的各类纸质辞典电子化。夏普公司早在1979年即发行了日本第一款电子辞典，只有简单的检索和单行黑白显示文字功能，其后卡西欧、三洋、佳能等公司均推出各类不同功能的电子辞典，接下来第二代则可以显示图片，后来逐渐增加为彩色、高分辨率、动画显示、手写输入、语音识别等各类功能，如图38所示的卡西欧EX-word系列。可以说电子辞典是电子教材的一种特殊的硬件设备，又不完全与传统的教材相关，现行的电子辞典也有收录日语教材、日语语法、日语练习册等内容，功能更加多样化，尤其是在日语学习者手中非常受欢迎。但是近年来受到互联网在线辞典、智能手机和触摸设备的普及，销售量逐年递减，根据日本商业机械信息系统产业协会的统计，从2006年251万台递减到2014年的139万台，单一的功能逐渐在被市场所淘汰。在日本最大的学术论文数据库CINII上检索结果发现，电子辞典相关的文献有280余篇，其中与日语教育相关的文献仅有52篇，所有文献均将电子辞典定位为教学辅助工具，而非电子教材，即便日本市面上有部分型号的电子辞典收录了教材内容，但也没有相关独立的软硬件应用和研究，可见日本的日语教育界并未将电子辞典作为电子教材书来开展相关研究。

图38　卡西欧 EX-word 电子词典

四 日本新媒体教育应用与研究

以软件或系统开发的形式出现的日语电子教材早在20世纪70年代就开始了，计算机辅助教学中或多或少的都会将日语教学内容电子化，而真正形成系统化的是源于CALL（Computer Assisted Language Learning），其后以e-learning为主的外语教学逐渐普及，出现了各类日语电子教材。比如以大阪大学Hinoki项目为主的专业日语学习辅助工具就包括有多语言对应日语阅读学习辅助系统、日语科学技术论文语料库、日语学习作文语料库、日语作文辅助系统等，学习者登录后可按照各自对应的课程进入不同的系统，例如作文辅助系统，按照课程进度选择不同级别，而多语言对应日语阅读学习辅助系统则是利用机器语言辅助理解阅读，并且按照学习者的理解提示或自绘树状结构图，提示并分析句意，提供课程练习和讲解等功能。

应用软件（Application）又简称为APP，是可应用于平板电脑、智能手机等电子设备的应用程序，目前日本市面上出现的日语电子教材基本上八成都是以APP形式出现，研发快捷、下载方便、使用简单、便于扩展，再加上应用的硬件设备比电子辞典更加小巧轻便，成为日语电子教材的主流，前文提到的面向日语母语学习者的电子教材也多采用这类形式。目前很多日本大学中所采用的日语电子教材都是配合上述的辅助教学系统，将系统界面开发为APP，然后通过网络进行数据交换，采用更多开放性的设计标准来制作APP，如图38的日语汉字教材APP，提供汉字书写、发音、测试等功能。

除了将传统的纸质教材电子化外，配合在线视频课程、练习考试、协作学习模式等各类功能，日语电子教材的特点在于不仅仅只是传统意义上的教科书形式，也不只是类似电子辞典的教学辅助工具，而是根据学习者和教师的需求对应开发出的各类APP，并且能够针对这些软件提供不同的教学和学习方式，因此出现了各类不同形式的APP，例如基于游戏形式的日语假名练习APP、基于语音识别的会话APP等。

再如JMOOC的日语课程，也采用了电子教材形式提供教学内容，如《日语入门》采用Facebook进行授课，提供规格为CHiLo Book的日语电子教材，辅以YouTube等在线教学视频配合展开教学，可以面对更多学习者免费学习日语课程。虽然日本出现了各类日语电子教材，但受到版权限制、制作标准不统一、收录内容单一、对应设备或OS受限，尤其是在制作标准方面，开发单位各自采用不同标准，在数据交互、学习分析、硬件设备要求、OS和浏览器方面都受到一定局限，因此今后还需要继续进行相关研发和实践。

五 日本信息技术教育动向

5.1 日本高校教师培训

日本大学教师培训主要是指 FD（Faculty Development），即教员能力开发，日本文部科学省制定的"大学设置基准"中强制要求大学必须开展 FD 活动，这被称之为"FD 义务化"。根据文部科学省所采用的解释，FD 广义上指的是在研究、教育、社会服务、运营管理等各方面能力的开发，包括开展这些活动的组织机构和授课人员的自我检查和评价等多方面内容，而狭义上指的是以教育的规范构造、内容、课程、技术等相关的授课人员的资质改善。因此，大学中 FD 关系着大学教师的教学能力，属于大学教学改革的重中之重，为掌握日本大学 FD 的特点和动向，本文将从日本 FD 的发展历程和 FD 中教育信息技术的培训角度展开论述。

5.1.1 日本 FD 发展历程

日本早期有关 FD 的内容主要由大学教育学会开展各类研究、研讨活动，不断向大学和政府呼吁需要重视教师培训，受此影响日本政府从 1990 年开始逐渐重视大学 FD，最终以国家发布政策文件形式指导和要求高等教育机构开展此类培训。关于 FD 的解释一般沿用日本文部科学省下属机构"大学审议会"于1998年发布的《21世纪大学像答申》中用语解说部分的内容,指的是"为教员改善、提高课程内容和方法所进行的有组织的措施的总称。多略称为FD。该解释含义非常广泛,具体举例包括教员相互参考授课、举办有关教学方法的研究会、召开面向新教员的研修会等。"该文向文部科学省提议,各大学为改善每个教员的教育内容和方法,应在全校或者各院系就各自大学的教学理念、目标或教育内容、方法等,努力实施有组织的研究和研修活动,有必要将该部分内容追加到"大学设置基准"中。于是,在该文提议后第二年,1999年11月文部科学省就在"大学设置基准"中追加了有关FD实施的"努力义务"相关条款,以政策文件的形式明文规定下来。其后,在2005年中央教育审议会的答申文件《我国高等教育的将来像》中指出"在考虑高等教育质量保障上,评价和FD等的联合方策非常重要"。紧接着2006年文部科学省再次将原先的"努力义务"字样修改为"实施义务",要求2007年开始研究生院必须实施FD,2008年开始本科生课程阶段也必须实施FD。在国家政策要求下,实施FD的大学从2003年的69%攀升到2008年的97%,现阶段几乎日本各个大学都会设置有专门负责FD的机构,开展面向大学教职员工的各类培训活动,并且各类大学评价和学位授予机构、大学基准协会、高等教育评价机构都将FD作为大学的重要评价指标之一。

文部科学省中央教育审议会答申中指出FD包括有如下内容:理解大学的理念和目标的workshop(专题研讨会);由有经验的教员对新教员的指导;为改善教员教学方法(如学习理论、教学法、讨论法、学业评价法、教学用设备使用方法、媒介使用能力等)的支援项目;课程开发;学习支援(履修指导)系统的开发;教育制度的理解(学校教育法、大学设置基准、校规、履修规定、学分制度等);评价(学生的课程评价、教员同事间的教学法评价、教员各类活动的定期性评价);教学优秀教员的表彰;教员的研究支持;调节研究和教员的系统和校内组织构建的研究;大学管理运营和教授会权限关系的理解;大学教员伦理规章和社会责任等内容的普及;自我检测和评价活动及其灵活利用。具体的FD实施方法一般多是以大学或院系为单位开展对

五 日本信息技术教育动向

教员的集中培训，由负责教师培训的机构制定有关教授课程进度控制方法、教学法、课程表做成方法、成绩评价方法等的内容，主要通过开展案例介绍研究会和课程评价问卷调查，设置教辅教务系统，收集和发行教学案例资料等活动进行。

近年来，日本已经意识到纯粹由大学组织的集体培训已经无法满足各个科目特定的教学要求，所以除综合性的培训内容外，还积极开展适合各专业特点的培训活动，比如名古屋大学就在哲学、物理学、英语教育等学科内分别开展 FD 活动，研究教育内容和方法，以刺激学生对知识好奇心，提高学习积极性和满意度，进行相关教材的开发和实践。另外，比如筑波大学的研究中心就有"Rcus 大学管理人才培养项目"，该项目主要包括研讨会、课程讲授等模块，通过与各领域专家的交流来培养管理型人才。

另外一个值得关注的动向就是，由多所大学和各类教育相关机构横向联合开展有关 FD 的活动，比如日本国立大学管理研究会、私立大学信息教育协会、日本能率协会等。各地区也有着相关机构，比如京都 FD 开发推进中心、关西地区 FD 联络协议会、北海道地区 FD·SD 推进协议会、东日本地区大学间 FD 网络等，积极开展各类学术会议与国际接轨互换信息，如 JFDN（Japan Faculty Development Network）、JPFF（Japan Private Universities FD Coalition Forum）、ISSOTL（The International Society for the Scholarship of Teaching & Learning）、ICED（The International Consortium for Educational Development）等。除此外，还有各类研究 FD 相关的学会协会，比如日本高等教育学会、日本体育学会、日本教育工学会、日本医学教育学会、信息教育协会等，均在每年定期召开相关的专题研讨会，发行相关研究专辑，开展信息交流活动。

5.1.2　信息技术培训动向

日本文部科学省 2012 年对"大学教育内容等改革状况"进行了调查，调查结果显示在本科教育阶段中采用学习管理系统（Learning Management

System）开展事前和事后学习的大学由上一年度的 210 所（占整体 28%）上升到 251 所（占整体 34%），采用混合式学习（Blending Learning，在此指采用课堂授课、e-Learning、小组协作等多种学习方式的组合）的大学由 236 所（32%）上升到 270 所（36%），采用 clicker 技术（利用手机等媒介进行学生应答、理解度分析的系统）进行双向型授课的大学由 122 所（17%）上升至 153 所（21%），这表明信息通信技术的使用范围逐年递增，迫切需要对教师开展教育技术信息化的相关培训。该调查还显示，为促进主动学习开展专题研讨会或课程检讨会的大学为 129 所，仅占整体的 17%，而实施教师互相参观授课、专职教师 FD 参加率在四分之三以上的大学数量都比上一年度要减少 2%。由此可见，今后日本的大学将需要更加注重 ICT 使用能力的培训，提高教职员工参与 FD 的积极性。

从教师培训的多样化需要上来看，日本非常注重教职员工的教育信息化技术的培训，针对不同的对象开展不同的培训内容，除针对新老教师开展定期培训外，还面向研究生，尤其是博士后开展相关的"预备 FD"（Preparing FD）活动，主要是召开教学法专题研讨会、TA（Teaching Assistant）研讨会，颁发教职类课程的学分，派遣到外校进行实习，以培养下一代青年教师力量。例如名古屋大学高等教育研究中心的"大学教员准备项目"，该项目除讲授教学法外，还讲授有关教辅系统的使用方法、课堂中 IT 技术的使用方法、电子演示文稿和电子教案的设计等。还有京都大学高等教育研究开发推进中心的"面对研究生的教育实践讲座"，该讲座分为基础课程和高级课程，前者是面向今后希望在大学任教的研究生，后者是面向听完基础课程的研究生或外聘讲师。除此以外，由该中心开发的在线 FD 支援系统 MOST（Mutual Online System for Teaching and Learning）提供在线大学教员教育研修的相关内容，登录该系统后可以将大学教员的授课时间、教育相关课题及其改善过程通过多媒体电子档案可视化，制作 Snapshot（类似演示文稿的在线快照文件，图 39），提供多人小组协作工具以构建教师共同体，还可以在线进行课程分析、Web 公开授课、在线 FD 讲习会等。

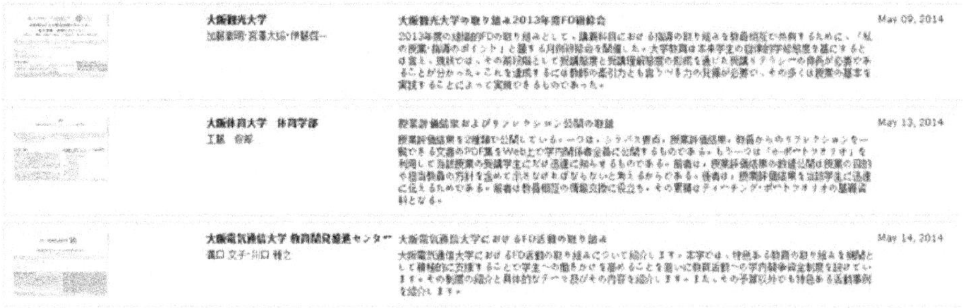

图 39　利用 MOST 制作的各类在线 Snapshot

　　为增强教师的教育信息化设备的使用能力，有的大学成立专门的机构开展相关培训，即将信息技术能力从一般的教学方法的培训中分离出来，作为 FD 的必备内容，实施以特定教学环境和教学科目的培训。例如，大阪大学教育学习支援中心的 FD 项目包括开放式教育（Open Education）、E-learning、CLE 课程支援系统、ECHO（课程自动录像发布系统）、iPad 等移动终端在课堂中的使用方法、量规（Rublic）等课程评价方法，并且从今年开始专门设立了"未来大学教员培养项目"，新开设《大学课程开发论》作为面向研究生的主辅修课程，还提供教案设计、MSF（Midterm Student Feedback）、课程录像、ICT 设备应用、TIE（Teaching in English）等相关服务。

　　将 FD 和 ICT 联合起来开展教学支援的典型就是金泽大学，该校为支援 FD 中 ICT 的使用，专门设立了"FD·ICT 教育推进室"，汇集该校教育开发支援中心、综合媒介基盘中心、学生部、信息部等多个部门的教职员工，积极利用该校的 Acanthus Portal System（教学教辅综合平台）开展 FD 和 SD 的 ICT 教育支援、电子教材制作、ICT 系统开发和管理等活动。由该部门发表的研究和报告主要涵盖有信息使用能力评价，职业能力培养中 ICT 的 PBL（Project-Based Learning）实践，校园中移动终端的使用，教师 ICT 使用情况问卷调查，外语、医学、化学等学科的电子教材开发，采用翻转学习等利用 MOOC（Massive Open Online Course）开展教学等内容。

另外，由于日本将教学岗位和教学辅助类岗位明确分开，所以 FD 的对象一般只包括从事教学的教师，因此除 FD 外，还有面向教学辅助类岗位的 SD（Staff Development）的培训，主要以教务系统的使用、教学过程的理解、对教师和学生的支援等内容为主。

日本的大学 FD 的活动经费主要来自文部科学省，自大学 FD 义务化写入"大学设置基准"之后，政府每年都为 FD 专项拨款，因此 FD 今后动向将会与日本政策密切相关。还有一点值得注意的是，2011 年"大学设置基准"加入了对于职业教育义务化的规定，要求学校必须开展面向社会的职业化指导，因此也要求相关课程的教师必须具备有关与社会接轨的职业知识讲授的能力，大学的 FD 活动正在逐渐增加职业化教育的相关内容，这点正好和中国目前需要开展现代职业教育体系建设相关，对于今后如何培养大学教师有关职业教育的知识和教学方法，如何开展相关的教学信息化建设将是中日都急需解决的课题。

5.2 中小学阶段信息技术教育

5.2.1 发展历程

日本在信息技术教育方面提出"教育信息化"的理念，主要包括两部分内容，最主要的一部分是"信息教育"，以培养学生信息技术知识的学习和理解能力，另外一部分是指"学习手段"，即教师和学生在信息技术方面的应用和实践能力。如表 25 所示，日本信息教育政策逐年在进行调整，正式提出"信息教育"概念是 1983 年世界经济合作与发展组织（OECD：Organization for Economic Co-operation and Development）在"有关教育与新信息技术的国际会议"报告书中指出初中计算机普及率美国为 43%、英国为 42%，而日本仅 0.6%，是发达国家中最低的。由此，1985 年文部省发布了"有

五 日本信息技术教育动向

关对应信息化社会初中等教育现状的调查协力者会议第一次审议总结",同时投入 20 亿日元用于购买信息设备。同年,临时教育审议会第一次答申中,提出社会信息化确实提高了人们的生活质量,社会信息化中有必要培养自主选择信息使用能力,要求学校教育对信息化做出变革。因此,1985 年被称为"信息教育元年",确立了信息应用能力培养的重要性地位。此后数年,连续在教育指导方针中信息教育和学习手段等方面提出具体的措施,特别是 1989 年加入信息技术相关教育内容。

表 25　信息教育政策历程

1985 年 6 月	【临时教育审议会第一次答申】 提出"社会信息化中有必要培养自主选择信息使用能力",要求学校教育中信息化相关改革
1986 年 4 月	【临时教育审议会第二次答申】 "信息应用能力"是自主选择应用信息及信息手段的基础资质,与"读、写、算"并列为教育基本能力
1987 年 12 月	【教育课程审议会答申】 培养信息的理解、选择、整理、处理、创造等必需的能力,以及计算机等信息手段的应用能力和态度,需注意信息化带来的各种影响
1989 年 3 月	【学习指导要领改定】 小学:熟悉计算机等设备为基本方针 初中:作为技术·家庭科的新选择领域,设置"信息基础",在社会、数学、理科、保健体育等学科中设置相关内容 高中:在数学、理科、家庭科中加入计算机等相关内容 小初高:在教育活动中积极应用计算机等设备
1991 年	【信息教育手册】 解说信息教育内容,信息手段的应用、计算机等设备完善,特殊教育中信息教育及教员研修等,明确提出信息教育目标为培养信息应用能力
1996 年 10 月	【对应信息化进展的初中等教育中信息教育推进相关调查研究协力者会议】 讨论伴随时代进程的新信息教育
1997 年 10 月	【对应信息化进展的初中等教育中信息教育推进相关调查研究协力者会议《第一次报告——面向体系化信息教育实施》】 信息教育定位为系统性、体系化,要求从信息应用实践力、信息的科学性理解、信息社会参与态度三个方面重构信息教育目标
1998 年 7 月	【教育课程审议会答申】 提议要求在高中新设必修《信息》科目
1998 年 10 月	【小学学习指导要领及中学学习指导要领改定】 小学:在各科目和综合学习时间中积极应用信息设备 初中:在技术·家庭科目中技术内容《B 信息与计算机》的 1 至 4 项目设为必修,5 至 6 项目设为选修

续表

1999 年 3 月	【高中学习指导要领改定】 高中阶段新设必修《信息》科目
2008 年 3 月	【小学学习指导要领及初中学习指导要领改定】 小学：总则中规定需掌握文字输入等基本操作、信息伦理等内容 初中：编程测量和控制为必修内容
2009 年 3 月	【高中学习指导要领改定】 在《社会与信息》、《信息科学》中必须选择一个科目学习
2011 年 4 月	【教育信息化展望】
2014 年 8 月	【有关 ICT 应用下教育推进的恳谈会报告书（中间总结）】

1991年文部省发布文《信息教育手册》，详细解说信息教育内容，信息手段的应用、计算机等设备完善，特殊教育中信息教育及教员研修等，指出小学阶段应以熟悉计算机为第一目标，初中设置《信息基础》，每年学习课时需到20至30小时，同时在社会、数学、理科、保健体育的科目中添加信息技术相关内容，力求培养有效使用计算机等信息设备。并且，将信息教育目标设为培养信息应用能力，并说明信息应用能力包含如下四个部分：

①信息判断·选择处理能力及新信息创造传达能力；

②对信息化社会特质、信息化社会和人类的影响的理解；

③对信息重要性的认识、对信息的责任感；

④理解信息科学的基础及信息手段(特别是计算机)特质,掌握基本操作能力。

1997年《第一次报告——面向体系化信息教育实施》中要求进行体系化、系统化的信息教育，提出信息教育的"三观点"（图40），即信息应用实践力、信息的科学性理解、信息社会参与态度。信息应用实践力指的是根据课题和目的，灵活应用信息技术手段的能力，主体性的收集、判断、表现、处理和创造必要的信息的能力，以及根据对方实际情况能进行发送和传递信息的能力；信息的科学性理解指的是能够掌握和理解信息应用的基础知识，有效适当的使用信息，并掌握评价和改善自己信息应用能力的基础理论和方法；信息社会参与态度指的是能够在社会生活中理解信息及信息技术的作用和影响，对信息伦理的必要性和信息的责任感进行充分思考，培养能够积极参与信息社会建设的态度。由此，要求促进小学设备完善，初中在低年级阶段开始进行信息基础的学习，对信息教育列入课程进行研究讨论，进行教师研修和设备建设，尤其是对信息教育内容体系化来说提出如下三个方面：

①有必要将"信息应用能力"的范围从今后高度信息通信社会生存的所有儿童所应具备的观点予以明确；

②有必要将"信息应用能力"与各科目间关联性予以明确；

③有必要将"信息应用能力"在成长阶段和各科目的学习状况之间关系上对各年级各阶段进行系统性的、体系性的展示。

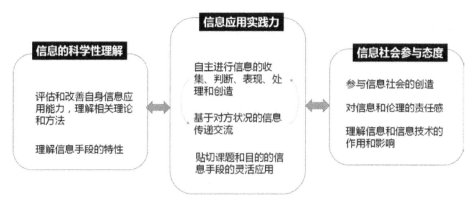

图 40　信息教育的三观点

1998 年 10 月，日本文部科学省修订"小学学习指导要领"和"中学学习指导要领"，将信息教育的"三观点"定为信息教育的目标，要求小学阶段在各科目和综合学习时间中应用计算机和信息通信网络，初中阶段不仅做出同样要求，还将技术·家庭科目中《信息与计算机》部分内容设为必修。

1999 年改定（公告）中要求在《信息 A》《信息 B》《信息 C》中至少选修 1 个科目（2 个学分），2009 年改定（公告）中要求从《社会与信息》《信息科学》中至少选择一个科目（2 个学分）。作为共通教科《信息》中设定教学要求培养信息科学的理解和信息社会参与的态度，通过小初高的学习将信息教育体系化，部分可重复教学充实教育，设置信息伦理教学内容，在《社会与信息》科目中要求重视信息收集、分析、表现，进行有效的交流，灵活使用信息设备和信息通信网络，重视信息特征、信息化对社会影响的理解和信息伦理的学习活动，在《信息科学》科目中要求重视有效利用信息和信息技术开展学习活动，掌握科学性思考方式，重视对信息技术的作用及影响的理解和信息伦理的学习。

2008年1月中央教育审议会报告中指出"根据社会变化进行学科改进"。信息教育"通过活用计算机和信息通信网络等信息手段提高教学效率，确保基础学力的稳固和扎实，培养学生利用基础知识、技能等解决实际问题所必要的思考力、判断力、表现力、信息活用能力等应对社会变化的能力，以及学习主体性和积极主动学习的态度"。同时信息化给中小学生带来的危害也不容忽视，比如网络上的诽谤中伤、个人信息泄露、个人隐私受到侵害，以及各种不良信息和病毒泛滥等问题，因此中小学的信息教育中信息素养的相关指导也至关重要。因此，再次修订了小学学习指导要领及初中学习指导要领，在小学阶段添加有关必须掌握文字输入等基本操作、信息伦理等内容，初中阶段则添加编程测量和控制为必修内容。

2011年《教育信息化展望》中以创造21世纪的学习和学校为目标，通过应用信息通信技术，推动集中授课、个别学习、协同学习三者相结合的教学模式，信息教育方面要求确实推动新学习指导要领的落实，收集优秀案例，深化信息伦理教育，继续推进研究开发试点学校的实证研究；在教学科目中信息通信技术应用方面，要求开发规范化电子教材等教学资源及相应教学指导方法，构建人手一台信息终端的超高速校园无线网络环境，开展云服务下电子教材等教学资源的研发和推广；在校务信息化方面。要求普及校务辅助系统、推动教育信息数字化改革，积极应用云计算等技术；在特别支援教育ICT应用方面，开发针对特别支援相符的可个性化定制的电子教材等教学资源，加入文字缩放、颜色调节、发音朗读等功能，确保信息终端的可用性，加入输入辅助装置等；在教师方面，要求改善以往的指导方式，开展提高教师ICT应用指导能力的培训研修课程或讲座，收集和普及教师ICT能力培养案例，配置专门的ICT辅助人员等以完善教师辅助体制；在教育信息化推进方面，联合总务省、专家、企业等实施"学习革新事业"等综合性实证研究，构建

五 日本信息技术教育动向

综合性的推进体制,持续开展有组织的综合调研活动。

2016年《有关ICT应用下教育推进的恳谈会报告书(中间总结)》中指出,日本急需培养国际化人才,基于"日本再兴战略"、"世界最先端IT国家创造宣言"、"第2期教育振兴基本计划"推动教育ICT应用,在地方公共团体中导入ICT应用教育,弥补与世界其他发达国家的差距,同时填补各地区之间的落差。通过培养ICT社会的对应能力,提高教育质量,培养不限时间空间的信息交流、加工、分析、编辑等能力,实现能解决现实课题的主体性、协同性、探究性的学习,实现可适应每个人能力和特性的教育,确保不受地理环境限制的教育质量。

截止到2017年的《第二期教育振兴基本计划》要求在三个方面开展具体的措施。第一,在ICT应用教育推进方面,通过ICT应用提高授课质量,推动学习形式多样化,确保偏远地区学校教育质量,推动校务信息化,充实信息伦理教育,构建全国性信息共享系统。第二,在教师ICT应用指导能力提高方面,通过各类教师培训课程培养教师应用能力,与教育委员会和大学合作,制定教师培训相关项目和体制,分析讨论学习指导要领中有关ICT指导方法等内容,为新的学习指导要领提供参考,利用ICT应用指导能力相关调研,分析评估具体实施进展和课题。第三,在ICT教育环境整改方面,利用地方财政措施,达到既定教育目标,有计划、分阶段推动整改,通过大批量采购降低成本,实施与企业合作的横向项目,促进标准化电子教材等教学资源的流通,早日实现不依赖于OS及硬件类型的信息化教育环境。

以《面向教育IT化的环境整备四年计划(2014年–2017年)》为参考,为建设教育信息化环境,四年总投入6 712亿日元,平均每年1 678亿日元,基本上每个学校(含小初高及特别支援学校)投入500万日元左右,最终达到每台电脑对应学生3.6人,硬件要求计算机教室40台、普通教室1台、特别教室6台、可移动式计算机40台、电子黑板和实物投影仪平均1年级1台、校务用计算机教师1人1台,软件要求配置专用教育用软件,配置ICT辅助人员,网络要求超高速互联网连接和无线网络覆盖率100%。可见,日本在ICT软硬件方面也在加速投入,以配合信息教育的快速普及和深化。

5.2.2 教育现状

从国家政策层面可见,日本的中小学信息技术教育经历了概念的提出和讨论、课程设置和探索、系统化教育和实践三大阶段。

第一阶段,信息教育概念的提出和讨论阶段,主要指在1997年以前,日本进行的各类关于信息技术相关教育概念的讨论,尤其是在1986年提出将信息运用能力与"读、写、算"并列为教育基本能力。

第二阶段,则在1989年《学习指导要领》修订后,到1997年体系化信息教育的提出,进行了相关课程设置和探索,这段时间内仍然以传统科目为主,采用部分科目中添加信息技术相关内容,小学则仍然不变,初中则在技术·家庭科中新设置"信息基础"内容,在社会、数学、理科、保健体育等学科中设置辅助内容,高中则在数学、理科、家庭科中加入计算机信息基础等内容。

第三阶段,以1998年《学习指导要领》的再次修改为标志,将信息技术教育内容独立出来,成为与其他科目平行的必修科目,2008年12月日本文部科学省公布了新的高中学习指导要领,将高中信息学科必修科目《信息A》《信息B》《信息C》三门连贯性科目修改为《社会与信息》和《信息科学》两门科目,信息教育已经开始进行体系化教育。

为掌握日本中小学信息技术教育目前的具体情况,接下来则具体分析新版学习指导要领和相关具体案例。

(1) 新版学习指导要领

根据新版的《小学学习指导要领》,要求小学阶段各学科教学中利用计算机、视听觉媒体等手段充实学习活动,指定学生熟悉和适应计算机和信息通信网络等信息手段,指导学生利用计算机等信息手段输入文字等基本操作方法,培养学生的信息道德素养。在各学科的具体学习内容中也分别提到要利用信息技术开展相关信息教育,如《国语》科目的语言表达和理解、《社会》科目的资料收集与整理、《算术》科目的数量和图形的展示、《理科》科目的观察和实验、《综合学习时间》科目的信息收发等。同时要求利用信息技

五 日本信息技术教育动向

术手段进行问题解决和探究活动，开展信息收集、整理、发送等，思考信息对日常生活的影响；同各学科开展有效协作，辅助其他科目的学习；积极将计算机及信息通信网络的内容穿插到各科目中；在信息技术应用和学习过程中，应考虑健康和习惯等问题，注意照明及使用时间等等。

同时，新版《中学学习指导要领》总则中指出，在教学中培养学生利用计算机等信息手段充实学习活动，促进学生自主收集、分析所需信息，根据课题和目的选择合适信息手段，考虑接收者立场的基础上处理和传递信息，理解信息素养的重要性以及对信息社会的责任。除了将信息教育与各学科融合，如表26所示，在中学的《技术·家庭》科目中的"技术领域"开展信息相关技术的教育，修改原有"信息与计算机"为"关于信息技术"，添加了计算机信息处理原理和网络工作原理等内容，要求以小学学习的知识和技能为基础，学习信息通信网络与信息素养、数字作品的设计与制作、程序测量和控制等三个方面的内容。另外，在各学科中也融入信息教育，比如国语课中媒体设备和资料的活用，社会课中资料收集整理和发表等，数学课中表格的绘制等，理科的数据处理和测量等，音乐课和美术课中鉴赏活动，外语课中在线交流等，综合学习中计算机的活用等，道德课中信息素养的培养等。

表26 《技术·家庭》技术领域的教学目标与教学内容

教学目标	通过动手制作等实践、体验性学习活动的参与，掌握有关材料与加工、能源转换、生物培育及信息等方面的基础知识与技术，同时加深对技术与社会、环境等相互间关系的理解，培养对技术进行适当评价和运用的能力与态度
教学内容	【信息通信网络与信息道德】 计算机组成和信息处理的基本原理，信息通信网络中基本的信息利用原理，著作权及发布信息的责任和信息素养，信息有关技术的评价和利用 【数码作品的设计与制作】 媒介特征与使用方法，设计作品，利用多种媒介进行展示和发布，使用相关媒介手段进行个人信息保护 【程序的测量与控制】 计算机测量和控制的基本原理，信息处理流程，简单的编程知识

新版《高中学习指导要领》中分为普通科目的信息课和专门科目的信息课。普通科目信息课为《社会和信息》和《信息科学》两个科目，内容如表27和

表 28 所示。《社会和信息》强调信息对社会的影响，培养对信息技术和信息本身的社会性理解，重点说明信息伦理与道德，而《信息科学》重视信息技术知识的解释，如信息系统、通信网络等基础知识。

表 27 《社会和信息》教学目标与教学内容

教学目标	理解信息的特征与信息化对社会的影响，培养适当运用信息设备和信息通信网络等收集、处理、显示信息及进行有效交流的能力，培养积极参与信息社会的态度
教学内容	【信息的运用和表现】 信息和媒体特征，信息的数字化，信息的展示和传递 【信息通信网络与交流】 交流手段的发展，信息通信网络的构成，信息通信网络的运用和交流 【信息社会的课题与信息素养】 信息化对社会的影响，信息安全保证，信息社会中的法律和个人责任 【构建理想信息社会】 社会的信息系统，信息社会和人，信息社会中问题解决

表 28 《信息科学》教学目标与教学内容

教学目标	理解信息技术支撑信息社会的作用和影响；掌握将信息和信息技术有效运用与发现和解决问题时的科学观点；培养学生积极地奉献于信息社会发展的能力与态度
教学内容	【计算机和信息处理】 信息通信网络的构成，信息系统的功能及提供的服务 【问题解决和计算机的活用】 问题解决的基本观点，问题解决和处理步骤自动化，建模和模拟 【信息管理和问题解决】 信息通信网络和问题解决，信息存储管理和数据库，问题解决的评价和改善 【信息技术的发展和信息素养】 社会信息化和人类，信息社会的安全和信息技术，信息社会的发展和信息技术

专门科目的《信息》由原来的 11 科目增加到 13 科目（表 29），除了每个科目中具体细节内容的变化外，新增"信息和问题解决"、"信息技术"、"信息媒体）"；修改"算法"为"算法"和"程序和数据库"；修改"信息系统开发"为"信息系统实习"；修改"计算机设计"为"信息设计"；修改"图形和画像处理"为"展示媒体的编辑和展示"；修改"信息实习"为"信息内容实习"；删除"多媒体表现""模型化和模拟"。

五 日本信息技术教育动向

表29 专门科目《信息》

4.信息和问题解决（新增）
【问题解决概要】从问题发现到解决的流程、问题解决的实际问题
【问题的发现和解决】数据收集、数据整理、数据分析、优化
【问题解决的过程和结果评价】评价的方法、评价的实际情况
5.信息技术（新增）
【硬件】计算机构造和内部处理、周边机器和接口
【软件】操作系统的构造、应用软件的结构、信息内容相关的技术
【信息系统】信息系统的形态、网络、数据库
6.算法（修订）
【算法基础】算法的基本要素、处理步骤的图示化
【编程基础】程序构成、基本命令、编程
【数值计算基础】基本的数值计算、数值计算实践
【数据类型和结构】数据的基本类型和结构、数据结构和算法
8.数据库（修订）
【数据库系统概要】数据库概要、数据库系统的活用
【数据库设计和数据操作】数据模型、数据分析和模型化、正规化、数据操作
【数据库操作语言】数据库定义、数据库操作
【数据库管理系统】数据库管理系统的功能、数据库应用和维护
9.信息系统实习（修订）
【信息系统开发概要】信息系统的开发基础、信息系统化的技法
【信息系统的设计】要求定义、外部设计、内部设计、项目设计和编程、测试审查
【信息系统的运营和维护】
【信息系统的开发和评价】
10.信息媒体（新增）
【媒体基础】媒体的定义和机能、媒体的种类和特性
【信息媒体特性和活用】信息媒体的种类和特性、信息媒体的活用
【信息媒体和社会】信息媒体对社会的影响、信息媒体和信息产业
11.信息设计（修订）
【信息设计的基础】信息设计的意义、信息设计的条件
【信息设计的要素和构成】信息设计的要素、展示和心理、意义作品、要素构成
【信息设计和信息社会】信息设计现状、人和信息设计
12. 表现媒体的编辑和展示（修订）
【表现媒体的种类和特性】文字、图形、画、声音、动画
【计算机图形的制作】计算机图形的编辑、利用计算机图形的展示
【音频和音乐编辑和展示】音频和音乐编辑、利用音频音乐的展示
【视频编辑和展示】视频编辑、利用视频的展示
13.信息内容实习（修订）
【信息内容开发概要】信息内容开发基础、开发工程和管理
【需求分析和计划】需求分析、计划
【信息内容的设计和制作】信息内容的设计、信息内容的制作
【运用和评价】信息内容的运用和维护、信息内容的评价和改善

（2）实践案例分析

从上述《学习指导要领》的变革和教科内容修订中，可以看到日本信息教育的难度在逐渐提高，在给具体的教学内容设定标准的同时，在教学指定科目外，也安排了诸如"综合学习时间"等比较自由的科目，允许通过普通教科之外的时间来灵活安排教学。但由于新版小学学习指导要领并未专门在小学阶段设置信息技术类课程，信息活用能力的培养主要结合各科目的学习活动展开。没有具体的教学计划指导，各学校开展信息教育的方法也不尽相同，受到学校现有 ICT 教学环境和教师信息技术能力的严重影响，导致学生信息应用能力也会参差不齐，从而产生地区间、学校间、年级间的差异。而初中阶段的信息教育仅限《技术·家庭》科目中有部分信息教育相关内容，部分学校提出仅靠这部分内容的教学并不足以帮助学生应对信息技术发展变化趋势，还需要继续深入探讨教学内容和教学方式，尤其是如何通过其他科目的教学来弥补《技术·家庭》科目中内容的不足。而高中的《社会和信息》和《信息科学》两个科目还在验证和修改中，作为独立科目，在教材内容编排和教学方法上，还处于探索阶段。因此，日本信息教育仍然需要通过大量实践验证，研究开发信息教育的教学内容和教学方法，实现小学和中学的连贯性，以便在教学内容、生活健康、学习质量等多方面提供更具体的参考信息。

为推动教育研究和变革，日本设立了诸多国家级项目，比如"研究开发学校"（Research & Development School）、"超级科学学校"（Super Science School）、"超级国际高中"（Super Global High School）、"科学合作学校"（Science Partnership Program）、"未来学校"（Future School）、"ICT 梦想学校"（ICT Dream School）等试点学校，开展特定的教学研究实践和验证调研活动。其中，"研究开发学校"设立时间最长，自 1976 年开始设立，属于"研究开发学校制度"指定试点学校，范围涵盖小中高、幼儿园及特殊学校等初中等教育单位，目的在于通过这些试点学校的具体项目来研究解决学习指导要领中政策制定与教育实践之间存在的问题。"研究开发学校"可以不用严格按照学习指导要领执行教学，能够根据各校或地区的情况自主设立新教育课程或者自创新科目，并以教育实践进行验证，以开发出具有普遍适用性和推广价值的新课程或指导方法，对学习指导要领起到参考作用。从2000年开始，文部科学省指定研究课题大方向，学校则自主设定具体的课题内容，经各地区教育委员会推荐向文部科学省申请。"超级科学学校"（SSH）从2002年开始设置，则主要面向高中，采用学校自主申报科学技术类课题，着重科学技术、理科和数学教育，培养学生科学理解能力、思考能力、判断能力和表现能力，以便为今后培养国际性科技人才。"超级国际高中"（SGH）从2014年开始设置，侧重于国际领军人才教育，培养学生对国际社会的关心程度、国际交流能力、问题解决能力，联合企业、大学和国外学校等，开展对国际化问题进行横断性、综合性、探索性学习。而"科学合作学校"源于科学合作项目（SPP），由日本科学技术振兴机构主管，通过联合日本大学和中小学，开展科学技术、理科、数学相关的观察、实验。实习等体验性、问题解决性的学习活动项目。下面就部分实践案例具体展开论述。

①新泻县上越市立大手町小学

新泻县上越市立大手町小学为文部科学省研究开发指定校（2012年至2014年），将传统科目按六大能力和资质培养目标划分，分别开发指导内容和指导方法，制定信息应用能力的评价指标。

②京都教育大学附属桃山小学校

京都教育大学附属桃山小学校为文部科学省研究开发指定校（2011年至2013年），开设《媒介交流》科目，建立独立的信息科课程，提高信息教育的系统性，并注重与其他学科中信息技术相关知识的应用与互补。

③福冈教育大学附属久留米小学校

福冈教育大学附属久留米小学校为文部科学省研究开发指定校（2012年至2014年），独立开设《信息》科目，以培养信息编辑能力，内容包括信息技术基础知识、信息应用方法及信息伦理等相关知识，培养运用信息技术的基本技能、采用信息技术与他人协作的能力以及参与信息社会建设的态度。

④滋贺大学教育学部附属中学

滋贺大学教育学部附属中学为文部科学省研究开发指定校（2010年至2012年），专门开设《信息的时间》科目，作为各科目横断性课程，每年设置50课时，教学内容以信息应用、信息本质的理解、信息社会的传播为主，采用专职教师教授该门课程，同时采用道德、特别活动、综合学习时间等科目联合教学。

⑤东京都茶水女子大学附属中学校

东京都茶水女子大学附属中学校为文部科学省研究开发指定校（2014年至2016年），开设《交流设计》科目，固定每周一课时，教学内容包括以展示和解说方法，如文字、图像、声视频等的编辑和制作。目的在于提高学生思考力、判断力和表现力，使之能够在其他科目中应用文字、图像、影片、音乐等方式表现学习成果和开展协同作业及交流活动。

⑥宫城教育大学附属中学校

宫城教育大学附属中学校为文部科学省研究开发指定校（2014年至2016年），开设《技术信息合作创成》科目，教学内容包括数字技术、数字化言语活动、ICT应用协作、问题解决能力、信息素养、危机处理等内容，培养学生交流能力、协作能力、独创能力、管理能力等。

⑦北海道教育大学附属札幌中学校

北海道教育大学附属札幌中学校为文部科学省研究开发指定校（2012年至2014年），开展英语国际交流项目，指导学生利用ICT开展个别学习和国际交流活动，学生能利用网络与其他地区或国家的学生通过英语进行交流和协同学习，教师将研究成果开发成为电子教材等开放式教学资源上传至互联网共享，并开发了相应的教学方法和评估方法。

⑧神奈川县立光陵高校

神奈川县立光陵高校为文部科学省研究开发指定学校（2012年至2014年），开发"媒体研究""国际化研究""科学研究""光陵世界""光陵职业设计"五个科目，培养学生分析、思考、评价、表达的能力和解决问题的能力，以及信息共享态度，相互理解协同解决问题的能力。

⑨千叶县立柏叶高校

千叶县立柏叶高校为科学合作项目采用校（2014年），开展计算机程序学习和可视化分析教学实践，以学习Web编程技术和软件制作技术，通过利用环境感应器网络和数据对信息进行可视化分析。

⑩东京工业大学附属科学技术高校

东京工业大学附属科学技术高校为超级国际高中指定校（2015年），以培养具有科学技术素养的国际化科技领军人才为目标，开设"国际社会与技术应用"等专题讲座，设置《科学技术传播入门》等课程，与大学开展联合培养。

上述各类国家项目资助的学校主要是以国家投资进行试点建设，实现人手一台终端的移动学习环境和以云服务为基础的教育平台，或者是为某一专门领域的教学开展特定的教学实践研究活动，而日本普通学校并不具备这类资金和政策扶持倾向，最后以京都府八幡市立有都小学校为例，作为非国家资助试点学校的案例进行普通学校信息教育和ICT应用的重点分析。

京都府八幡市立有都小学校为公立学校，是该市占地面积最大的小学，自1873年建校以来已有一百四十多年历史。学校基本信息如表30所示，校园面积规模较大，硬件设备比较优越，实际可容纳学生300人，但由于当地少子化，导致在校生逐年减少。目前一个年级仅一个班，20至30人左右。

表30　学校基本信息

教员	16人
学生	约150人
班级	每个年级1个班，每班20人左右
计算机配置	教员1人1台
	学生5至6人1台
	专设计算机教室，轮流使用
电子黑板	1个教室1台
投影仪	1个教室1台
网络环境	部分无线局域网覆盖
	宽带网速10Mbps以下

在教学环境上,日本小学教室主要分为普通教室、专用教室(音乐教室、英语教室、家政教室、理科实验室等)、计算机教室、图书室等,在教室里面根据需要配置各类教学设备。京都府内的小学 2009 年已完成计算机升级换代,教师用电脑全部为笔记本电脑,多媒体教室则采用台式机和笔记本电脑两类硬件设备,虽然有都小学校并未达到"未来学校"人手一台电脑的标准,但是基本上可以通过专用计算机教室实现轮流使用计算机。普通教室配有 2 台笔记本电脑,1 台与交互式电子白板(Interactive White Board)相连,主要供教师教学使用;另一台放置在教室内,供学生检索、查找信息使用,另外还配有专用大型打印设备供教学使用,定期将教师编辑的新闻摘要,学生提交的课程报告打印出来挂于教室或走廊上展示。学生可根据学习需要借出笔记本电脑或平板电脑到教室外实践活动。

该校所有教师均具备 ICT 教育指导能力,在整个京都府的小学教师中属于中上水平,能够灵活使用网络资源、投影仪、电子黑板等 ICT 设备,并积极开展各种 ICT 辅助教学实践。学校研究主题《培养自主学习、表现丰富的学生——利用 ICT 加深印象,推动自主性协同性的学习》,主要采用 ICT 设备共享图画、视频等多媒体教学素材和学习成果,推动课题解决,加深理解和印象,学生们进行自主性思考、协同性思考,研究生活中课题解决的能力,开展实践研究。

在网络配置方面,根据日本文部省 2013 年调查数据显示小学联网率已完全普及。日本校园的互联网接入方式一般分为两类,一类是由地方教育委员会与网络服务提供商统一签订互联网服务合同,另一类是通过上级教育委员会教育技术中心的专用网络局域网接入互联网,日本多数学校都采用的后者。而有都小学校则同时采用了上述两类接入方式,并设置校园无线 Wi-Fi 环境,对于每个师生均设置 ID 和密码,对学生进行用户管理、信息过滤、学习数据管理等。

当地学校的数字化教学资源主要源于教师的自主开发、共建共享以及产官学合作项目。学校多媒体教室内储存有算术、国语、社会、综合学习、理科、

五 日本信息技术教育动向

外国语等不同学科的教学资源，如算术应用软件可辅助算术加减法、乘法的测试，国语汉字读写应用软件可以辅助汉字假名的辅助训练等。另外，还可以通过互联网免费利用文部省资金资助开发的电子教材，如"家庭学习支援教材"，包括"Enjoy English""国语"等不同学科的内容。可以利用教材中的国语电子词典进行自主学习。

5.3 ICT 防灾应用与防灾教育

日本是一个自然灾害高发的国家，除地震、海啸外，还有火山爆发、洪水、泥石流、塌方、雪崩、台风、龙卷风、暴风雪、强降雨等多类复杂的自然灾害，基本上每隔几年都会发生一次大规模自然灾害。尤其是在 2011 年 "3·11" 东日本大地震之后，日本吸取经验教训，重新审视防灾教育的重要性，在防灾方面投入大量的资金进行硬件基础设施建设和防灾教育，以官方机构为首，各大学、研究所、NPO、企业等都在积极开展相关的防灾减灾活动。

根据 2011 年东日本大地震灾后调查，如图 41 所示，通信阻断是最大的麻烦，导致信息沟通不顺畅，影响信息发布和耽误抢救时间，对二次灾害造成无法挽回的后果。特别是在地震发生的 30 分钟后，由于辐辏影响固话通信阻塞，手机几乎无法使用语音通话，短信虽然延迟但部分地区仍可勉强使用，但数小时后手机信号基地站由于电源切断，电池耗尽逐渐丧失通信功能。基地站与手机之间的距离越远耗电越快，并且随着手机本身电池耗尽，电网中断无法充电，24 小时以内常见移动通信全部中断。灾后 24 小时固定通话和移动通话大面积瘫痪，直到通信公司或者救灾人员携带设备赴灾区抢修为止，受灾区域几乎都处于音信不通的情况。在新闻报道中的灾害专线，以及采用 Twitter、Facebook 等社交媒介都只是在重灾区以外的地区起到零星片面的效果，真正后来起作用的是由各个避难地的专门人员挨个确认灾民信息上传至网络共享的活动，且前提是避难地还有通信网络和电源，部分地区由救灾人员空投卫星通信设备后才恢复信息联络，在灾后一个月才能逐渐恢复正常移动通信服务，最为宝贵的抢救时间全部都只能靠卫星电话，随后才有 ipstar、JSAT 等民用卫星通信服务。因此，作为大规模灾害的宝贵经验教训，多方面确保信息畅通才是首要目标。而日本的中小学校属于紧急避难场所，不仅建筑结构牢固，而且地点安全，具有一定的空旷地区，设施齐全，电力系统可以独立发电。但是大规模地震和海啸之后，通信网络和电源的中断，造成音信不通，定位困难，只能首先依靠这些受灾前指定的避难地作为根据地，抢先修复避难地。日本在这方面加大了应用和研究的力度，确保学校避难场所的通信网络畅通，例如作为备用通信手段与手机信号基地站并设的卫星天线，在学校设置卫星网络专用天线和紧急电源，免费发放培训手册和相关资料。

图 41　灾后信息通信技术应用

宫城县石卷市在震灾中死亡三千多人，倒塌房屋五万多栋，而作为临时避难点的该小学就挽救了不少人的生命，由于震灾导致通信断绝，后来设置的 JSAT 卫星网络专用天线，采用了应急发电机提供电源，以无线 Wi-Fi 的形式在校区内实现共享，并联网到市政府防灾指挥部门和县级信息系统。灾后学校与通信公司联合对教职员工进行卫星通信相关培训，并制作相关技术手

五 日本信息技术教育动向

册作为紧急情况备用指导教材。

此外，作为产官学联合实践案例，信州大学就和政府、企业积极合作，通过自身设置的综合信息中心，紧急情况下能以卫星通信确保各校区间通信互联顺畅，设有专门的紧急通信应对部门，平时负责防灾教育和基础设施建设管理，紧急情况时则传递信息，保障通信。并通过政府特批，开设有专门的地面数字电视台（One seg），以数字电视广播的形式面向校区内电视、手机等多类终端实时发送灾害信息。大阪大学采用 ipstar 卫星天线，设置有太阳能电源，紧急情况下即可切换至备用电源和卫星路由器，提供多个热点 Wi-Fi 连接，同时在东日本地震灾区岩手县野田村设置了卫星校区，通过自愿者活动展开地区信息交流和防灾教育等许多实践活动。卫星小区采用 NTT 的 Flets（超高速光纤网络）和 ipstar 卫星通信双构架，地面通信中断即自动切换至卫星通信，配以太阳能发电确保数周内通信畅通。利用这个卫星校区，不定期开展各类防灾教育讲座，并聘请专家通过远程视频会议系统开展教学互动，利用 iPad 等便携式终端开展室外活动等。

作为政府为主导的地区性防灾网络，尾鹫市采用 5GHz 无线网络覆盖全市（图 42），市防灾中心接收国家和县的卫星信号（LASCOM），再通过地区无线网络面对全市进行广播。市区内重要建筑，如避难点、校园、市民会馆、政府办公大楼等都可无线接入防灾网络。政府和学校每年都开展相关的防灾训练、信息交流会、防灾课堂等活动，在构筑无线通信的同时培训市民的防灾意识，教授无线通信网络知识，以便确保紧急受灾时能够通过多样化的通信手段建立生命保障体系。设置在高地的天文台也可通过地区无线局域网将拍摄到的实时监控信号传送至防灾中心，不仅起到气象监测作用，还能在常规通信手段断绝的情况下让防灾指挥中心掌握准确的动态信息。作为常规的广播站除了设置高音喇叭外，也作为无线网络的中继站点达到一站多用的效果，市民在学会无线网络应用的同时也能够通过地区无线网络获得最新的信息。

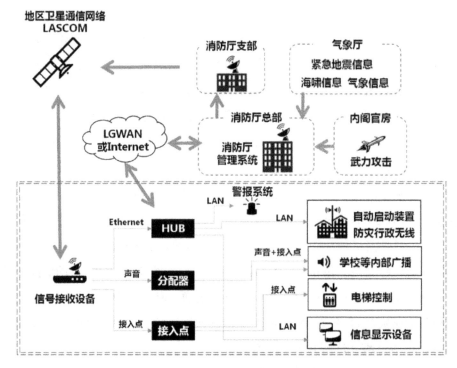

图 42　尾鹫市防灾预警系统

另外，值得一提的是日本盐尻市利用无线网络和中继站点设置地区儿童守护系统，该套系统是盐尻市和信州大学联合开发的，2008 年就已经开始投入使用，主要是在学校附近主要的通学路上设置数百台中继器，接受定位器的电波信号获取定位信息，孩子随身携带该定位器移动时家长可以通过手机或电脑登录至专用的网站确认信息，紧急情况下系统自动将接收到定位信息后以短信方式发送到家长手机上，并能随时将信息通报给警察等政府部门。中继器为无线收发器，主要设置在道路拐弯的曲面镜后，也有设置在火灾瞭望台等高处，并且配备太阳能备用发电系统确保全天候运行，定位器的电池也可以使用半年，默认每 3 分钟传递一次定位信号。该套系统可以通过中继器和定位器的配合使用确定人或物体的具体位置，而且系统相对 GPS 等定位系统造价低廉，应用方便，除可以作为保护儿童安全外，还用于塌方、泥石

五　日本信息技术教育动向

流等灾害监测，高龄者守护，公交车辆定位等情况。

除地震外，北海道利用卫星通信手段构筑了火山防灾教育网络，进行有关防灾教育知识的 e-learning 实践研究活动；冲绳县利用针对台风、巨浪等恶劣灾害的远程防灾通信系统，定期开展防灾教育。除了由官方和教育机构进行的实践研究活动以外，在民间也可见到远程防灾教育培训，许多学校专门聘请具有防灾危机管理员来指导学生的防灾教育，关于培训防灾危机管理员资格的讲座非常受到重视，例如 NPO 法人日本知识网络协议会就提供该资格的网络在线课程，培训考核通过后即可获得证书。

防灾教育已经深入到日本人的平常生活中，危机意识非常强烈。"未来学校"和"ICT 梦想学校"中专门为 ICT 防灾应用进行了许多验证课题，尤其是在 ICT 用于防灾教育和防灾训练中，将学校 ICT 设备作为紧急救灾体系的一部分，纳入地区和国家级别防灾体系中，值得借鉴和参考。

5.4　创客教育

日本的创客教育主要指的是以创造性学习（Creative Learning）进行实践性、动手型的教学活动，主要分为两类，一类是以辅助课堂教学内容和教材为主的教育，另外一类是以综合学习时间和课外活动兴趣爱好为主的教育。在初中等阶段主要体现在理科、社会科、综合学习时间等科目上，增强学生动手能力和实践操作能力，将所学知识和兴趣爱好与课堂教学结合起来，在高等教育阶段则以课外兴趣小组、俱乐部等形式为主。对比欧美的创客教育，尤其是在信息技术为主的教育方面。日本还是处在自发摸索阶段，如英国的初等教育课程中设置有"Design and Technology"课，美国 2012 年已经推出在千所大学设置数字应用设备工作室，加强数字化实践制作教育，美国麻省理工学院开发出的适合儿童的编程语言"Scratch"，辅以数码玩具"Cricket"和乐高模型能在学习编程时学习到电流、传感器、数字控制等知识，如图 43 所示，以美国乐高公司为主开发的一系列玩具和程序，左侧的各类模块化的玩具可以与右侧的相关编程语言结合在一起进行程序化操作，如可根据编程内容划线的 Floor Turtle、可进行积木式组装和控制的 Programable Bricks 和 Cricket 等等。

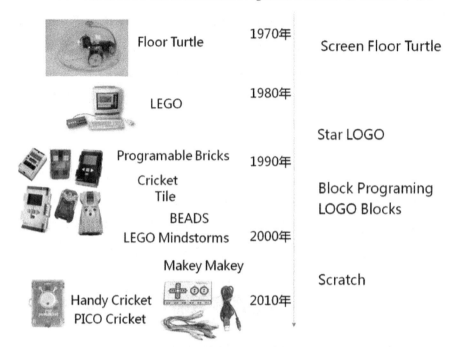

图 43　美国数码玩具及编程软件

另外，由美国提议的 OLPC（One Laptop per Child）计划就是采用一人一台笔记本的教学模式，分组作业协同学习，可以增进孩子们的协作能力和动手能力，提高信息技术熟练程度和应用能力，以解决数字鸿沟和地区差异化问题。

长期以来，日本的中小学教育现场主要采用模拟玩具，比如动物或者卡通人物的模型、积木等实物教学，而在课堂教育上仍然以教科书教学为主，实验型和动手型的课程并不占主要地位，涉及动手实践的课程，比如理科、画图工作、社会等课堂上也很难见到 ICT 设备辅助的数字化教学模式。进入 2000 年以后，随着日本政府加大教育信息技术化的投入，注重从义务教育开始导入 ICT 教育内容，除投入巨额资金全面更新学校的软硬件设备外，还将信息教育纳入义务制教学阶段，同时推动产官学联合的信息化教育。在这种

五　日本信息技术教育动向

趋势下，日本的大学、产业技术相关研究机构都纷纷开展多种实践教学和研究。而由于日本的中小学教学课程被国家严格规定下来，如文部科学省制定的《学习指导要领》，对每门课程的要求做出了明确的规划，使得在课堂上开展创客教育比较困难，因此多数只能利用综合学习时间课程，每周数小时左右，基本上都由任课教师自行安排内容，利用课堂时间可以开展各类实践型、动手型的教学活动，或者组织兴趣小组，利用课外时间辅导。

以日本奈良女子大学附属小学与大阪大学合作的数字学习实践为例，利用综合学习时间课开展数字玩具学习，采用电脑和编程语言"Scratch"培养学生学习程序和数字控制概念，在通过数码玩具"Cricket"进行动手实践。Scratch 的可视化编程界面（图 44）可以通过模块化操作，促进对程序控制的理解，并通过很快就明白程序各部分的需要控制的内容，如循环语句、条件语句等。再通过数码玩具"Cricket"导入编程结果，实现简单的电流线路、声音控制、LED 控制等，直观地理解程序的原理和流程的差异。数码玩具"Cricket"作为嵌入式程序化模块，内部的芯片可以存储一定的指令，控制外部设备，如马达、声光传感器、LED、扩音器、控制开关、数字显示屏等。

图 44　Scratch 编程界面

主要课程实践流程如图 45 所示，先通过 4 节课左右让学生熟悉 Scratch 编程界面，熟悉程序控制输入输出，实现对 Cricket 的控制。然后进行分组讨论设计方案，以头脑风暴和课题讨论形式，讨论玩具外观和程序设计流程，再与其他小组交换意见讨论方案可行性和重难点，随后开始组装和测试。制作完毕之后进行中期成果展示，如果制作失败或者未能顺利完成计划，则重新修改设计，再投入实际制作，最后以小组为单位进行现场展示，通过互相评测，进行打分总结，提交研究报告总结制作过程的优缺点和经验教训。除使用 Cricket 外，可以辅助诸多外围玩具，比如乐高玩具、积木、羽毛、橡皮筋、纽扣、纸板、毛线等，自由发挥想象力，动手创造出新的数码玩具。通过教学研究实践证明，要掌握 Scratch 和 Cricket，并且能设计图纸做出成果，对小学生约需要 10 次，合计 600 分钟以上的教学和实践时间，教学所需时间较长，但是教学效果非常明显，通过实践动手对编程内容和数字控制概念的理解明显加深。而对于文科类大学生来说，需要至少 6 至 8 次课，合计 400 分钟以上的教学实践，对程序控制的使用率可以体现学习情况，表 31 中列出各部分使用比例的内容，其中光感控制的颜色控制（Setlight Color）和显示（Display）、声音控制的播放（play）、动作控制的动力（set power、motor）都属于输入效果最明显的部分，而数据（Data）则利用率为 0%，可见程序控制的思维理解培养需要从简单入手，逐步进行程序的理解，同时要注意错误率和冗余度的控制。

图 45　实践流程

表 31　各命令使用率

类别	命令	使用率
Lights	Setlight Color	40%
	Display	67%
Sound	Chirp	33%
	Play sound	47%
Action	Set power	47%
	Motor onfor	33%
Sensors	Touch	53%
	newIR	73%
	IR	67%
	beamIR	67%
Flow	forever	100%
	If then	93%
	If then else	73%
	wait	73%
Numbers	number	100%
	and	87%
My Blocks	Store in box	87%
	box	87%

为了进一步简化学习时间提高思维理解，设计了简化版的数码控制模块（图46），通过两节5号电池驱动，配备按钮控制、马达、声光感应器等，以简易程序储存在临时内存中，回放指令则实现数码控制。这样简化之后的数码玩具，无需非常复杂的编程和教学，也可以控制闹钟、数字显示屏、小火车、LED、马达等。

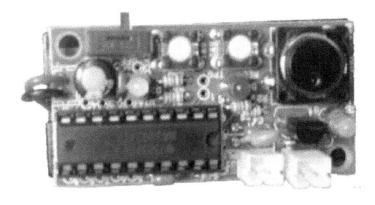

图 46　简易版数码控制模块

六 新技术的应用与实践

6.1 知识可视化

6.1.1 可视化工具

知识可视化（Knowledge Visualization）指的是通过视觉表征手段进行知识的传播，广义上属于信息可视化（Information Visualization）的范畴。信息可视化可以包括数据可视化、知识可视化、科学可视化以及信息图形、视觉设计等方面，狭义上的知识可视化指的是通过图形图像等方式，以一定规则整理、归纳、表现和传递知识的内容、知识资源的指向、知识之间的关联等信息。从教育技术学的角度，普遍认为通过可视化手段将各类知识相关的信息进行有效图形或动画呈现，有利于知识的理解、重构和创新。因此，利用各类可视化工具对知识进行可视化呈现，作为教学和学习辅助工具，能提高教学和学习效果，改变知识构建方式，促进有意义的学习，同时利用信息化技术手段进行知识可视化，有助于教学的开展，使得教学交互过程能够更加清晰表现思维的理解和交流的程度。

一般信息可视化和知识可视化并不严格分开，但从两者的目标、对象、实现方式等进行对比，如表32所示，信息可视化主要采用信息技术手段进行

六 新技术的应用与实践

数字化展现，将信息作为数据进行可视化处理，涉及计算机科学、网络技术、图形学、信息学和人机交互等多个领域。而知识可视化主要目的是为了将知识进行处理，包括知识的数字化处理和人际间知识的传播，以及知识的记录、交流、管理等与人类行为和社会行为有关的内容，实现方式除了信息技术手段外，还可以通过传播交流、文字记录等多种方式，涉及传播学、语言学、计算机科学、信息学、教育学、心理学和社会学等诸多领域。

表32 信息可视化与知识可视化对比

	信息可视化	知识可视化
目标	增强认知	促进知识传播和创新
对象	抽象数据（多为显性知识）	显性知识和隐性知识
手段	计算机、网络等信息技术	信息技术及其他手段
交互方式	人机交互	人人交互、人机交互
涉及学科	计算机科学、网络技术、图形学、信息学等	传播学、语言学、计算机科学、信息学、教育学、心理学和社会学等
用途	信息管理、数据挖掘、信息分析	知识管理、组织沟通、学习应用

知识可视化采用信息技术手段则与信息可视化概念有重叠的部分，尤其是将知识转化为数字化信息，并通过信息技术进行传播和显示时，如图47所示，通过各类知识可视化工具，将隐性知识（Tacit Knowledge）和显性知识（Explicit knowledge）进行知识转换，引发知识的创新和转变，产生新的知识成果。

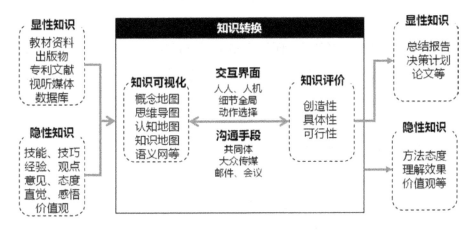

图47 知识转化过程

如图 47 所示，知识可视化工具包括有知识地图 (knowledge map)、概念地图 (concept map)、思维导图 (mind map)、认知地图 (cognitive map)、思维地图 (thinking map)、语义网络 (semantic network)、知识图谱（Knowledge Graph）等各类工具，采用形状、色彩、空间、连接符号等多种方式进行视觉呈现，经 CiNii 文献检索后发现，前三者相关文献较多，具体分析如下。

（1）概念地图

概念地图 (concept map) 在 20 世纪 60 年代由美国提出，采用命题性的网络结构阶层性的表现认知构造，具体而言，如图 48 所示案例，主要采用箭头、连线将作为节点的概念连接起来，用连接词表示概念之间的层级关系，以此来表示和组织结构化知识。日本学者山口等人认为，学习领域中的重要概念可以作为节点，然后采用连接词将这些有关联的节点联系起来，表现知识构造，包括节点的标题和内容、节点数量、连接方法、连接词内容、层级、交叉等内容。使用概念地图可以实现抽象观点的纲要性描述，从而构造信息和阐明关系，帮助理解抽象概念和对概念间的相互联系进行形象把握。另外，将概念地图制作的方法按照是否提供节点和连接词等分为"限制型"和"无限制型"两类，前者会提前给予部分或全部的节点、连接词、连接关系或者位置等内容，限制学生在这些内容中进行选择制作，而后者则不提供任何内容，让学生自由制作。由此，"限制型"方法比较容易辅助学生达到既定的学习目的，具备一定规律性、标准化的特征，但丧失了一定自由度和创造性，而"无限制型"方法则与之相反。

概念地图相关软件和智能手机 App 比较多，如 Inspiration、Decision Explorer、VisiMap、CmapTools、EDRAW 等，可以采用各类颜色、图形、箭头等进行制作，部分软件提供开源自定义、模块程序化、多语言版本、网络共享、协同作业等功能。

六　新技术的应用与实践

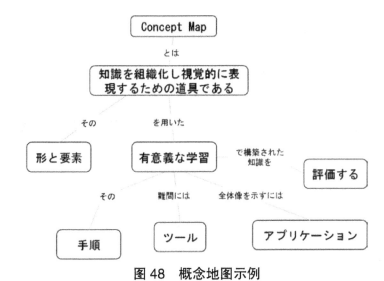

图48　概念地图示例

概念地图实现了把文字表述甚至无法用文字表述的复杂联系用图形、线条形象化表现，大大降低了内容的抽象性和复杂性，尤其是将各种联系形象化表达，对扩大认知联系范围、减轻认知加工负担起了很大作用。日本学者佐藤认为，通过概念地图给予学生一定的图形化概念结构，有利于学生有组织性地、体系性地获得知识，促进有意义的知识结构理解。

通过在 CiNii 文献检索发现 633 篇概念地图相关论文，其中主要涉及理科教育、数学教育、科学理解、协同学习等内容，如 2002 年山口悦司等的论文《コンセプトマップ：理科教育における研究動向とその現代的意義》主要就是描述概念地图在日本理科教育领域中的研究动向分析，将 1984 年至 2001 年之间有关概念地图的理科教育研究按照内容分为三个阶段，即概念地图的开发阶段、辅助学习者个人知识获得阶段、辅助协调学习阶段，认为概念地图有利于交流的活性化、促进知识的理解，能够有效支持协调学习的开展等。2011 年舟生日出男等人的论文《概念マップ作成方式の違いによる記憶効果の差異の比較》则采用 Kit-Build 方式提供学习者节点和连接用以制作概念地图，与学生自主分节化处理进行概念地图制作方式相对比，进行分组实验分析，最后得到结论是两种方式均获得同样的记忆效果，借此说明"限制型"和"无

· 183 ·

限制型"制作方法在记忆方面并无太大差异。而在 2012 年小村等人的论文《概念地図法における学習方略の検討：—要素ごとの学習が学習効果と知識忘却率へ及ぼす影響—》中，通过分组实验对比了利用概念地图学习和文章划线理解学习之间的学习效果和差异，结果表明概念地图的制作有利于文章含义的理解和记忆的稳固。另外，川上在论文《概念地図を活用した思考支援のあり方》中探讨了小学历史科目中应用概念地图辅助教学，有利于学生知识结构化和重构，提高了教学效果，也对社会认知的形成起到了一定的效果。

（2）思维导图

思维导图(mind map)又称心智图，是由英国托尼·巴赞(Tony Buzan)于1971年提出的一种可视化工具，主要采用"放射思维"，将头脑中重要的语言性概念以放射线状形式描绘出来，目前"mind map"为英国 ThinkBuzan 公司注册商标。思维导图的描绘方式主要是将所要表现的概念词汇或图形等置于正中，然后采用关键词和图形放射性拉伸出来，如图 49 所示，多以某一主题进行发散性思维，运用图像和文字结合的形式，把各级主题的关系用相互隶属与相关的层级图表现出来，把主题关键词与图像、颜色等建立记忆链接，充分运用左右脑的机能，利用记忆、阅读、思维的规律，协助理解和交流。

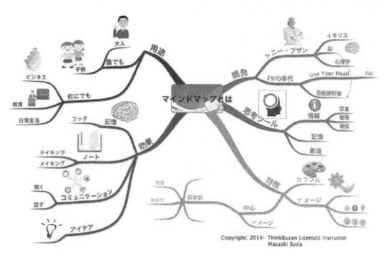

图 49　思维导图示例

六 新技术的应用与实践

思维导图构建软件有 Mindjet、XMind、MindManager、Coggle、Freemind、MindNode 等，部分以手机 App 形式提供免费使用，值得一提的是，最近部分软件利用 SNS 形式开始了提供思维导图的共享和协同作业等功能，但分析和对比功能多采用高级自定义收费形式。

CiNii 检索结果显示，思维导图相关研究有 189 篇，主要涉及思维整理、创意理解等教育心理类和经济经营类的内容。如 2014 年山下等人论文《REBOK に基づく要求管理教育支援ツール REMEST》开发基于思维导图设计工具 REBOK 的教学辅助系统 REMEST，自动检测用户提交的思维导图，能够对学习内容和学习进度进行自定义式的辅助建议和提示；2013 年冈村等人论文《リメディアル教育・学生支援の視点を採り入れた 英語（外国語）・リテラシー教育の改善・充実に関する研究》将思维导图作为视觉图形显示手段，用来整理学习和思考内容，辅助残障学生来进行外语等科目的学习；2012 年松波等人的论文《デジタルペンを活用した授業でのエキスパート等による学習支援の有効性》利用数码绘图笔在平板电脑上绘制思维导图进行协调学习实验，证明了思维导图有利于学生表现理论能力提高，以及对专家辅助型教学方式的有效性。

（3）知识地图

知识地图（Knowledge map）是以知识为对象采用地图形态表现的一个术语，虽然目前知识地图并没有明确统一的定义，但总体来说都认为知识地图概念起源于地理上的地图，是将知识以地图的方式呈现出来，作为知识的目录和知识资源指向的工具，可以储存各种知识资源以及知识之间的连接关系。而可视化知识地图就是通过清单、图表等各种方式来描述知识分布及其关系，如 Vail（1994）就将知识地图定义为"可视化地显示获得的信息及其相互关系，以使不同背景的使用者在各个具体层面上进行有效的交流和学习"。因此，可以认为知识地图本身就有着强大的可视化功能，目前利用现代化信息技术制作的知识地图实质上就是知识总目录和各知识条目之间关系的综合体，借助知识地图可以管理、存储、显示知识，也能整理、挖掘、重构知识，在一定的学习共同体中可提高知识流通率和使用率，为知识的理解和创新提供良好的基础。在教育领域中，如 Saad & Zaghloul（2001）、Nagal et al.（2002）等人认为以文字表述的知识在教学课程中容易造成关联的断裂，限制学习者的视野，而通过计算机辅助教学构建可视化知识地图则有利于解决这些问题。

知识地图的特点在于提供结构化专家知识，并提供知识导航指明知识资源所在。如图 50 所示，知识地图可分为显示层、描述层和资源层，从提供知识来源的数据库、媒介和专家等的资源层出发，将资源层所能提供的显性知识和隐性知识通过知识描述层进行定义、分类、结构化、数字化等，最后在显示层通过知识节点和节点间的知识关联可视化表现出来。由于知识地图构建目的是组织和导航各类知识资源，提供有效的知识获取方式，揭示和评价知识体系以及潜在关联，如布鲁克斯（B.C.Brooks）的知识地图定义就是基于情报学理论，所以知识地图主要被用于图书情报、信息管理、企业资源管理等方面，而不完全等同于概念地图、思维导图、认知地图等其他工具，它需要经历知识抽选、审核、分类、关联等诸多复杂严格的构建过程。作为目前比较成熟的可视化知识地图的案例，主要有图书管理系统、企业信息人员管理系统、通信信息系统、教育课程辅助系统等等。实践证明知识地图是有效的信息管理和引导工具，通过可视化的技术手段能够在人类有限的视觉能力下展现更加复杂庞大的知识体系，并且能够找出更多有效的潜在信息。

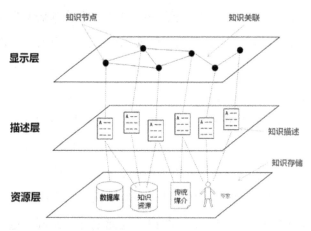

图 50　知识地图构成要素

六 新技术的应用与实践

从地图（map）的定义角度出发，地图原本指的是地理信息的平面化表现，由于它最能体现各类物体指向和表征，可以让人迅速理解和找到对应的目标，因此各类形象化的术语大量采用这一词汇进行标示，如遗传图（Genetic Map）、语义地图（Semantic Map）、关系地图（Association Map）、认知地图（Cognitive Map）、思维地图（Thinking Map）等等。除专业术语外，还存在着采用概念化、图解化显示方法的 Bridge Map、Tree Map、Brace Map（以层级化图形显示为主）、Circle Map、Bubble Map（以圆形显示为主）、Flow Map、Multi-Flow Map（以流程顺序显示为主）。因此"地图"这一词汇已经在这些术语中丧失了原有的地理信息的含义，而成为广义上图解或图形显示的可视化概念，由此延伸出来的同类英文词汇还有 chart、diagram、graph、table 等，中文多以"图表"、"图谱"等，如知识图谱（Knowledge Graph）、社交图谱（Social Graph）、类关系图（Class Diagram）、维恩图（Venn diagram）等。

从广义上讲，只要是以知识为描述对象，以地图形态的点线面、大小比例、颜色等元素进行可视化显示的都属于知识地图，因此概念地图（Concept map）、思维导图（mind map）、主题地图（topic map）、认识地图（cognitive map）、知识图谱（Knowledge Graph）等术语都与知识地图非常接近；而狭义上知识地图是需要以严谨的统一标准对知识进行抽取、赋名、分类、描述等规范化步骤，对各知识节点之间的相关性、级别、分类等进行定义和关联，并指明知识资源的所在，其构建方法较为复杂，这就与其他类似的术语区分开来，比如概念地图或思维导图能以任意一个单词或者内容作为节点，构建起来相对容易简单。由此可见，知识地图、概念地图和思维导图等的最大差异在于知识地图以知识信息标准化和信息导航为主要构建目的，而概念地图和思维导图则并没有一个严格的、统一化的构建标准，也无需前期复杂的构建流程，所以知识地图并没有像概念地图和思维导图那样的应用软件，一般采用系统开发定制形式构建。

为掌握知识地图在日本的研究现状，采用日本 CiNii、JAIRO（Japanese Institutional Repositories Online）、KAKEN（科学研究费助成事业数据库）进行检索。JAIRO 是日本学术机关机构典藏（Institutional Repository）的学术信息数据库，涵盖日本学术杂志论文、学位论文、研究纪要、研究报告等多种资料，KAKEN 则是由日本文部科学省和日本学术振兴会所立项的科学研究费事业项目数据库，可查询日本国家级课题名称、课题研究成果等。

通过检索发现在 CiNii 中有 64 篇相关度较高的文献，而 JAIRO 上仅检索到 4 篇（其中 2 篇与 CiNii 重复），在 KAKEN 上检索到相关已立项的项目为 11 项。文献数目最多的是教育支援类，约占总数的一半，涉及教辅系统、教学资源数据库开发、教学实践、移动学习、多媒体应用、学习履历、职业技能辅助、教材开发、教务系统；其次是信息处理类，约占三分之一左右，涉及系统构架、数据库、本体、信息检索、图书馆信息、地理信息等；最后是经营经济类，涉及信息流通、企业管理、知识管理、模型构建、商业系统开发、评估方法等内容。

从比例上看可见知识地图主要是应用在教育支援方面，比较多见的是采用计算机信息技术构建系统和数据库，如 2009 年池田等人论文《基于知识提示学科关系的学习履历系统》将理工专业本科课程中出现的知识点以知识地图方式进行构建，然后与对应的履修科目和学习成绩进行关联，对学生和教师提供自我分析、知识分析等功能。而 2004 年永井的《基于 WEB 的协同学习条件下采用手机终端的形成性评价系统的开发与验证》一文则采用知识地图构建基于 BBS 的学习支援系统，对中小学生数学和计算机课程进行协同学习的实践研究，特点在于采用手机终端对学习的知识点进行形成性评价。此外，还有数学、医学、理科等学科的教学辅助实践研究，部分文献还涉及焊接加工等职业技术学习、电子教材开发、电子学习档案等内容。由此可见日本比较重视利用信息技术支援教育实践内容，侧重于将知识地图置于具体的学科中进行研究。

在信息处理类文献中，除涉及系统和数据库外，还有涉及本体（ontology）研究、多媒体处理、信息检索等方面，侧重点在于知识的结构化和可视化，例如《日语本体词典系统 Ontolopedia 的构建与兴趣抽取方法的应用探析》（宫城，2009）采用 wiki 百科作为语料库开发日语本体词典系统，根据用户在 Twitter 上的投稿信息进行兴趣倾向分析，以知识地图进行系统评价实验。

经营经济类的文献相对偏少，主要涉及企业管理、经营模型、知识资产等

六 新技术的应用与实践

方面，采用信息技术构建知识地图进行分析、评估，例如2005年田中的《提高企业实力的公司内部信息流通和利用方法——构建知识地图达成经营课题的战略领域》就提出采用知识地图提高企业在经营分析和信息沟通方面的能力。

从时间分布分析，最早的知识地图相关研究出现在1994年，之后逐年递增，到2008年为顶点，其后又开始减少。究其原因在于知识地图主要用于信息学、计算机技术等方面，需要依据严谨的构建步骤，对于各个节点的名称、内容等信息需要复杂规范化定义，研究应用面相对概念地图、思维导图等相对狭窄。而概念地图、思维导图等则主要应用于教育学、心理学等方面，相对而言构建简单，容易快速导入到具体的教学和实验过程中。

另外在科研立项上，由日本文部科学省和日本学术振兴会所立项的课题中涉及知识地图的有11项，其中教育支援为9项，数据处理1项，几何学分析1项。教育支援方面主要有教育课程开发、教辅支援系统开发、教材开发、学习实践分析等内容，例如利用数据挖掘和知识地图开发知识连锁体验教育课程、利用学习辅助系统提供知识关联地图和活动场所提高协同活动的效率促进问题的解决、以知识地图表现知识结构的e-learning、以知识地图构建系统促进科学概念理解能力开发科学教育课程、基于学习活动中的分散知识研究自我效力感发展情况、以学习履历和知识地图分析探究型学习过程等。

6.1.2 知识地图的应用

由于知识地图最大的特点就是能够以地图形态可视化和结构化地展示信息，因此除在教育实践方面进行探索外，日本还将知识地图应用于商业模型、企业信息管理、社交网络服务、公益活动、宣传展示中。商业应用上举例来说有日本Knowledge Produce股份公司提出创建历时性的知识地图，如图51所示，以"KONISHI方法"在知识地图上通过分析、综合、关联、类推、创意、决断、模拟等步骤后认识对象领域中存在的各类情况策划剧本，强调以相关性构建整体结构，记录并保留各类信息源和相关信息到最后一步，信息要以客观事实为中心，在信息的配置和关联上再以主观进行分析。

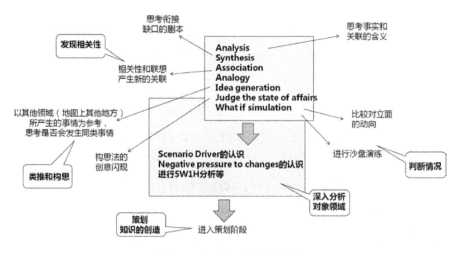

图 51　基于知识地图的策划分析流程

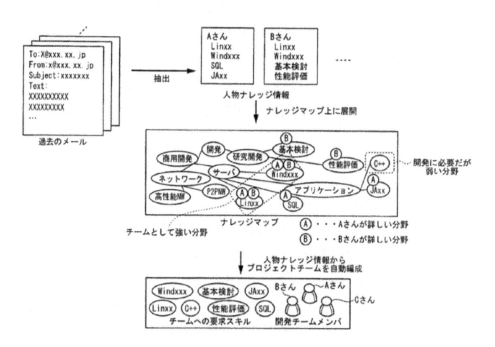

图 52　知识地图商业应用流程

六 新技术的应用与实践

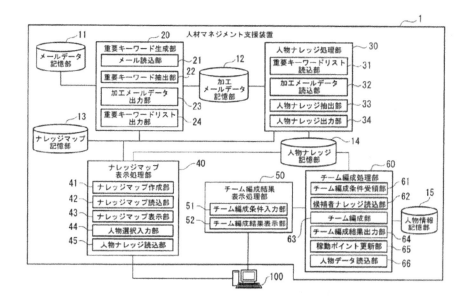

图 53　基于知识地图的信息管理系统构架

图 52 显示了应用知识地图如何在公司内部进行信息收集、组织构建、人力资源调配的过程，首先通过邮件等文字资料抽选出每个员工具备的能力和资源等信息，然后构建知识地图，用以说明人力资源、课题、流程等信息，最后从这些信息中抽调最佳组合分配团队解决课题。图 53 则基于知识地图构建信息管理系统。从人力资源管理角度，构建数据信息结构，包括知识地图存贮部分、知识地图显示部分、人力资源存贮部分、数据存贮部分、数据加工部分等，最后通过知识地图智能抽选，组建团队，并将过程和结果可视化显示出来。

另外，将知识地图作为可视化的工具比较具有代表性的就是"ShareWis"，它是一个基于社交网络的开放性教学资源系统，利用地图的可视化方式做用户界面，辅以基于 Facebook、Linkedin 等的 SNS 功能，这样不仅将知识关联起来，也将学习者的交流关联起来，并可以保留学习履历和社交记录。目前开发有 WEB 网页版和手机 app 应用版，用户可以在免费注册后学习和发布课程，现有外语、数学、会计、计算机程序、设计等数十种课程，类似 MOOC（Massive

· 191 ·

Open Online Courses，大规模开放在线课程）。该系统的特点在于将知识内容以课程形式予以展示，所有课程均以地图方式构成，如图54所示，同类课程构成一个区间，放大后逐层显示。具体操作就是需要在地图上通过放大缩小选择课程，以主节点为课程名称，节点边有课程简要文字介绍，点击主节点可放大进入该课程的所有单元一览页面。除在地图上缩放选择课程外也可以直接在搜索栏输入关键词检索课程。每个课程下由简到难分为多个单元，每个单元的学习时间均控制在5到30分钟左右，一个单元学习完后提供选择、排序、判断等以客观题为主的自测练习题，学习过程中可以随时和其他用户进行SNS互动，系统提供课程管理、学习历史记录、学习提醒等功能，学完的课程会以不同颜色显示。

这套系统还支持用户自己创建课程，支持图片、文字、声音、视频、链接等多类元素，创建时系统会自动引导用户非常容易地建立一套完整的课程，包括课程单元设置、教学内容展示、练习题设置等等。虽然目前大部分课程都为用户个人或者公司团体制作，带有免费宣传做广告的倾向，但所有课程均是免费开放的，实现了基于社交网络的开放教学资源的社会化共享。

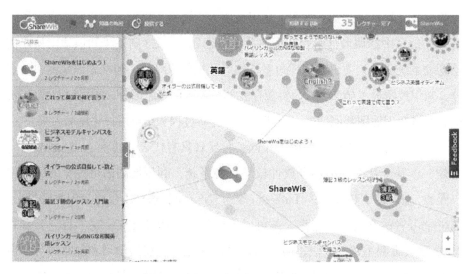

图54　ShareWis的知识地图界面

六 新技术的应用与实践

除上述应用案例外，还有用于癌症宣传的公益性知识地图，用于职业技术考试的技术知识地图等，这些案例都突出了知识地图在可视化和结构化上的特点，具有一定的参考价值。

由于知识地图定义比较模糊，容易让人从字面上误解为简单的知识点的关联性排列，而忽略了知识结构化表征的这个特点，而知识地图构建最难的地方恰恰在于结构化。因此日本的知识地图相关研究主要采用了狭义上的知识地图，采用科学严谨的方法以数据库和可视化手法构建知识地图，相关文献比较少，而商业化应用上则多采用广义上的知识地图，实际上则是类似概念地图或思维导图等的表现手法，很少见到能从狭义上对知识地图进行数据构建，对知识节点进行标准化抽取和描述的案例。今后日本在知识地图的研究和应用趋势还有待继续深入探讨，例如知识地图可以在大数据分析、本体研究、数据挖掘方面具有非常重要的研究和实践价值。

作为利用知识地图开展教学辅助的案例，笔者在2012年至2016年间采用知识地图构建外语教学辅助系统，并开展外语教学实践活动。以 Willam（1998）的六步构建法（即提取知识、汇编知识、声明出处、排序标签索引化、关联描述、解释和反复）为参考构建知识地图。如图55所示，首先以 DC 元数据（Dublin Core Metadata）为参考，建立外语知识数据抽取标准（表33），然后按照该标准由教材、字典和专家等处抽取知识，对知识的描述采用专家知识地图导航方式进行数据录入。当教学辅助系统录入专家知识地图之后，教师和学生则可利用系统开展教学和学习，学生根据教学内容，对每个知识点进行学习后建立自己的知识地图。系统会根据学生知识地图创建时间和内容自动记录学习过程，由此形成学习履历，方便学生开展自主学习以及教师进行学习分析。

表33　数据抽取标准

基本元素	扩展元素	示例说明
项目名称	/	知识点标题
难易度	/	知识点难易程度
类型	/	所属类别
内容	可根据知识点内容细分	如词性、含义、形态、接续等
关联	版本	按编辑顺序编号
	范围	关联的范围
	目标	关联的项目名称
	层级	各类关联的层级
	关系	与目标的关系
来源出处	/	教材、字典、网上资源等
日期	创建日期	年－月－日
	编辑日期	年－月－日
创建者	/	创建的用户名
编辑者	/	编辑的用户名
格式	/	文本、图像等
版本	/	按编辑顺序编号
浏览次数	/	点击查看的次数
评论	时间	年－月－日
	创建者	创建的用户名
	编辑者	编辑的用户名
	内容	评论的内容

教学辅助系统的主要功能就是动态显示、编辑和对比知识地图，知识地图分为专家知识地图和学生知识地图，所有的知识地图均以知识点的名称为节点，再根据类别分层显示，让用户能够在界面上建立每个知识点相关的知识地图，并可关联和对比专家及其他用户的信息资源。系统提供交流互动功能，便于师生间的信息共享、反馈和协同作业。

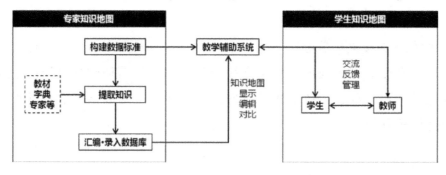

图55　知识地图的构建和应用

六 新技术的应用与实践

图56为教学辅助系统的知识地图显示界面，正中为知识地图，采用正方形显示知识节点，通过不同颜色显示不同类别的知识点，节点左上角则显示节点层级关系，节点与节点之间显示节点关联词。知识地图下方为知识点的具体解释信息，并提供留言栏，用于交流互动。右侧则为知识地图版本信息和用户信息，可以提供内容的对比和分析等功能。

通过采集和录入日语和汉语相关语法、词汇、文字等知识点，进行多次教学实践和数据收集，最后分析发现采用知识地图进行外语辅助教学有利于提高学习积极性，促进知识的理解和重构，并对自主学习、协同学习和翻转学习有一定帮助，尤其是在学习过程的记录和知识积累方面，教学效果明显，由此也证明了知识地图对于外语教育的有效性。

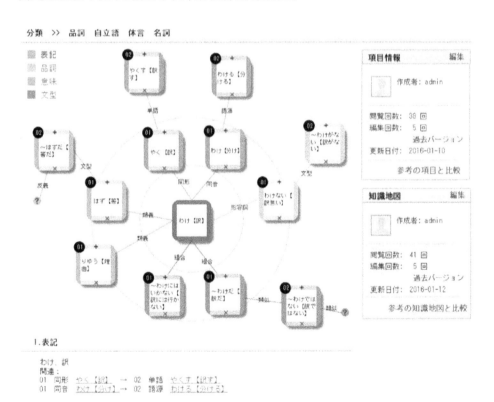

图56　知识地图显示界面

6.2 视频通信技术与虚拟空间

利用视频通信技术可以进行跨地区、跨国家的教学和交流，是目前主流的教育媒介手段之一，尤其是被广泛应用在远程教育中，如日本远程教育早期采用电视会议系统进行实时视频通信或电视讲座，诸多大学和企事业单位都开展过类似的教学实践，NHK、日本放送大学、早稻田大学等至今仍然保留着视频讲座形式的教学模式。

随着通信网络技术的不断发展，视频通信系统的承载网从电路交换网向灵活、扩展性强的IP网络演进，视频传输速率和清晰度也在逐年倍增，如图57所示，日本在1950年左右开始模拟彩色电视广播（Color Analog Broadcasting），当时传输速度偏低导致清晰度不高，后来随着技术发展，几乎每40年清晰度增加10倍。而自20世纪90年代开始逐步数字高清电视广播（High Definition Broadcasting）后，到目前的4K超高清电视广播开始运营，几乎是每10年清晰度增加10倍。根据日本政府规划，在2020年前将实现8K商业化运营，由此带来的高清视频通信，再加上快速普及的超高速宽带和5G移动通信技术，远程视频通信将会日益普及，视听觉效果将会得到极大提高。因此，采用视频通信技术构建基于网络的教学和交流环境成为日本的重要研究内容之一，尤其是采用VR、AR、3D技术、视频合成技术等构建虚拟空间，或虚拟教室、虚拟学习空间等，能使得异地间交流具备更强的临场感和视觉体验，甚至可以采用虚拟人物进行视频通信交流。

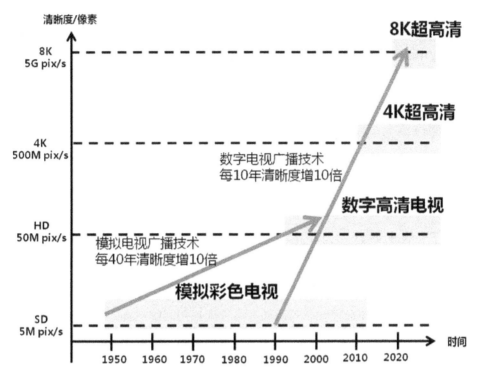

图 57　电视广播技术发展趋势

虽然视频通信技术得到了大幅度进展，但是具体到视频通信服务上，却因为大规模数据传输和软硬件成本等问题，导致实际普及化应用存在诸多困难。目前视频通信运营主要有两种模式：一是传统运营商开展专门的多媒体会议业务运营，如 NTT、Softbank 等的视频会议业务，收费昂贵且多依赖于专业硬件和网络构架；二是专业服务商推出的互联网模式的会议云服务，如 Blue Jean、VidTel、Easymeeting、LifeSize 等，这些业务的特点是基于互联网，支持主流视频通信协议和软硬件产品互联，支持 PC、手机、平板电脑、硬件会议终端等多种接入手段，简单易用，但业务本身相对封闭，功能和效果会打折扣。因此，即便是日本的"未来学校""ICT 梦想学校"等最新国家级项目资助的学校也很少具备采用这类硬件设备和网络服务条件的教学环境，而且具体实践过程中还需要专业人员进行辅助指导。

日本采用视频通信技术进行商业化运作的企业以松下、索尼、LifeSize、Polycom、CISCO等为代表，开发了一系列软硬件配套的视频通信系统，但是教育行业中的实际应用更为复杂，成本高昂，多点视频时产生的延迟和空间错位感容易使教学效果大打折扣，因此教育中视频通信技术的应用仍然需要通过大量应用实践和分析，下文通过几个案例进行远程视频通信教学的相关探讨。

（1）大阪大学野田村卫星校区远程实践

2012年大阪大学"未来共生革新者博士课程"（文部科学省"博士课程教育领导项目"子项目）主要用于培养能在多文化共生问题中开展实践和研究的领导型人才，其中要求培养应对灾害危机中在多文化、多语言、全球化条件下开展健康医疗、公共卫生的革新性实践研究，促进跨文化交际的能力，因此依托于大阪大学人间科学研究科志愿者人类学专业，于2013年3月在东日本大地震重灾区岩手县野田村建立卫星校区，积极开展灾后重建、跨地区交流、野外实践和远程教学等活动。该校区采用"LifeSize"电视会议系统、多点传输的WEB会议辅助系统、IPstar卫星通信卫星、太阳能备用发电系统等各类设备，保障电源和通信的畅通，可随时连接大阪大学主校区、日本国立天文台、地区防灾指挥中心等部门，采用iPad和wimax等设备展开户外调查实践。每月11日，为纪念2011年3月11日的东日本大地震，定期在该卫星校区举办远程教学实践和交流活动，参与者除大阪大学教职员工、大学生、志愿者外，还有当地灾民、国立天文台研究员、政府机构人员、NPO组织等，帮助当地经济重建、心理治疗、卫生医疗、教育辅助等。例如北海道海啸灾区奥尻岛灾区复兴的经验交流、当地观光协会和志愿者合作交流、大学生与当地群众的合作野外调查、异地中小学远程课堂等等。在实践中积极开展翻转学习、协同学习、野外学习（Field Study）等多种尝试，验证了多点视频教学、流媒体远程教学、虚拟学习空间构建等的有效性。

（2）"超镜"系统教育应用实践

日本独立行政法人产业技术综合研究所和大阪大学合作的"超镜"（HyperMirror）项目采用视频通信技术和虚拟合成技术开展远程教育辅助研究，

六 新技术的应用与实践

主要采用"超镜"系统和其他设备联合构建虚拟空间，前期采用模拟信号，中后期则采用数字信号，近年来升级为高清数字视频信号。最新版的高清数字信号系统构架如图58所示，主要由电视会议系统、视频反转合成器、视频转换器、视频合成器、摄像机等设备构成。

"超镜"的概念源于镜子，普通的电视会议系统主要采用摄像头采集图像视频信号后再传送给对方，导致参与者都只能看到各自独立的视频窗口，很难产生身处同一个场所的临场感，而"超镜"系统（图59）则像照镜子一样，将对方的图像翻转后与本地图像实时合成，构成虚拟空间，使得参与各方都能在同一画面上看到同样的合成视频图像，这样既能看到自己也能看到对方，尤其是采用等身比例显示状态可实现参与者身处同一场地的临场感和实物大小的虚拟空间感。

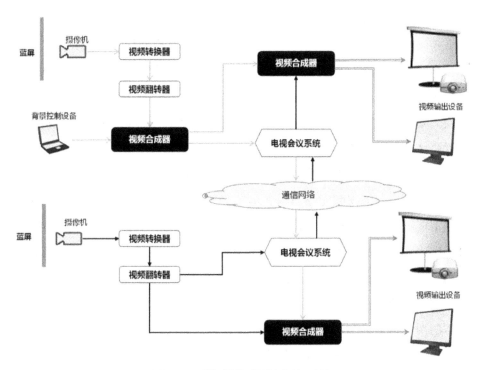

图 58 "超镜"视频会议系统

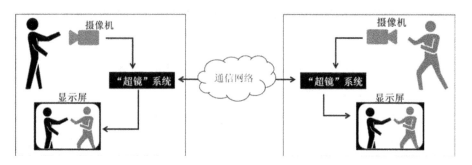

图 59 "超镜"效果示意图

目前该项目已经成功连接日本、中国、蒙古、新加坡、泰国、美国等多个国家,在外语教学、国际交流、协同学习等方面展开各类教育实践研究。例如 2009 年和 2010 年采用日本宇宙航空研究开发机构(JAXA)的超高速通信卫星"绊"(WINDS)进行了多次实验远程教育实践,作为 e-learning 课程的一部分,连接九州的大分县宇佐市立高家小学与大阪府八尾市立久宝寺小学,开展共同授课实践。课堂上两校学生在"超镜"虚拟环境下相互介绍自己的学校和地区的特色,然后在 JAXA 研究员的帮助下一起学习有关宇宙空间站、宇宙火箭等天文知识,利用大尺寸蓝屏滤色技术开展有地区特色的神乐太鼓表演交流。在技术方面,主要采用高速通信卫星进行远程高清视频信号传输,设置简易移动型卫星接收站,能够实现宽频带通信,随时随地多点接入"超镜"系统,能克服天气和地形等障碍,降低网络访问的延迟和丢包率。在课程内容展示方面,高清视频能够清晰展示星空和地图的每个细节,而且在大尺寸屏幕下能够随意在画面的全局和局部之间互相切换,学生能在虚拟空间中身临其境地理解宇宙空间的宏伟程度,也能在实时合成场景中和对方积极互动,顺利开展协同学习,深入交换各自的意见,学习效果得到了明显的提高。

2010 年进行多点连接远程教学实践,将在筑波高能加速器研究所与奈良、熊本的两所初中远程连接,由高能加速器研究所的研究员以两地初中生为对象,教授基本粒子物理学入门知识。实践中将多点视频信号进行多重合成,除师生的视频信号外,还合成图片、动画等多媒体素材,在虚拟空间生动地

六 新技术的应用与实践

将粒子的基本结构、类别、原理予以展示出来。通过教学实践分析证明了高清视频技术在多点远程教学和虚拟空间成像方面具有明显的学习效果,促进了知识的理解,提高了学习积极性和参与度。

作为国际远程视频教学实践,2013 年采用该套系统成功连接中日两所大学,开展远程外语会话课程。实验首先让中日两国的大学生采用知识地图软件绘制有关语法相关的知识地图,然后通过"超镜"系统所构建的虚拟空间相互学习和交换意见。此后,分组后各小组利用知识地图中所学到的知识点进行模拟角色扮演,通过协同作业完成会话课题,最后小组发言总结所学过的内容。在实践过程中,通过虚拟的背景空间切换,能够随时展示知识地图中的知识点,有效地将知识点可视化,中国学生在交流中更容易系统深入地理解和掌握知识,而日本学生通过对方绘制的知识地图也理解了双方之间的文化和思维差异。

通过诸多实践证明视频通信技术有利于辅助教学,提高学习效果和促进知识的理解。尤其是采用实时视频合成的虚拟学习环境,能够提高学习积极性,在远程协同学习方面具有一定的效果。但就具体教学应用而言,还存在着异地网络带宽差异、声视频延迟、数据丢失、技术难度和占用空间大、经济成本高等问题,普通教师缺乏足够的技术应用能力,教学和学习方法也有待继续研究分析,尤其是融合 VR、AR 及 3D 技术时,会产生更多的课题需要解决。

6.3 人工智能与机器人

人工智能(Artificial Intelligence)是采用计算机科学、心理学、人类社会学等多类学科知识研发模拟人类智能的理论、方法及技术,主要用于研究和生产出一种能以人类智能相似的方式做出反应的智能化机器,研究内容包括机器人、语言识别、图像识别、自然语言处理等。日本 2014 年成立 Dwango 人工智能研究所,2016 年丰田公司投入 10 亿美金,由丰田研究所与美国斯坦福大学和麻省理工学院联合进行为期五年的 AI 研发项目。2016 年总务省《有关 ICT 进化对雇佣和劳动方式的影响的调查研究》中指出人工智能可以在识别（声音、图像、视频、语言等）、预测（数值、意图、需求、匹配）、实效（表现、设计、行动优化、自动化作业）等领域进行商业化应用，如图 60 所示，到 2020 年，日本将在东京奥运会前逐步实现 AI 在大数据分析、自动驾驶、翻译、教育、医疗等方面的大规模应用，实现信息技术的持续发展，保持科技世界领先的地位。

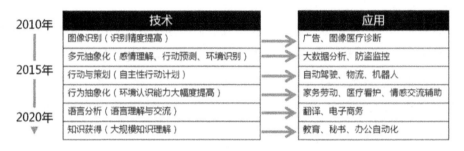

图 60　AI 技术与应用的发展趋势

另一方面，机器人技术是多个技术的集合，包括人工智能技术、传感器技术、自动化技术、语音识别技术、控制技术等等，其中人工智能技术是机器人能称为"人"的核心技术，根据环境进行智能判断、决策，能实现人机交互。从应用角度分类，机器人可以分为工业机器人、空间机器人、服务机器人、拟态机器人、手术机器人、水下机器人、微型机器人等等。2015 年日本机器人革命实现会议中提出《机器人新战略》，提出"为了创建与机器人合作共生的科技型社会，一方面加强机器人知识的专业化——推动研究机构和大学、机器人产业与工业、农业等其他产业之间的合作，扩大机器人实用范围和产业整合形式，既为专业机器人教育提供实践平台，也能为机器人使用者提供职业训练和教育培训等；另一方面实现机器人知识的全民推广——在小初高教育中普及机器人教育，并在科技馆等社会公共教育设施中推广机器人的相关知识"。日本商业化机器人主要有如下几类。

六 新技术的应用与实践

（1）Kibiro

由 UBIC、Vstone 两家公司联合研发，属于交流对话型机器人（图61），搭载有"KIBIT" AI 引擎进行文本分析和语音识别，可以利用"Sota"机器人平台进行联网交互，可以识别人类行为和性格，包括语义识别、行为判断、服务推送等。2016年已经开始商业化运营，图61中产品采用动物外形，高28.5厘米、宽14厘米、重约800克，适合放在桌面上，不仅可以进行人机交互的日常会话，该款机器人还可以通过平台联网对 E-mail、SNS 等信息分析和学习使用者偏好，并能根据网络上的产品和服务的信息、口碑等进行数据挖掘，自动推荐符合使用者偏好的产品。

图61 Kibiro 对话型机器人

（2）BOCCO

由 Yukai 公司研发的看护型机器人，通过与智能手机联网，进行语音和文本信息的交互，配合设置于门窗、家用电器等专用传感器，可以进行智能家居控制和监控。2015年上市，如图62所示，BOCCO 机器人高19.5厘米、宽9厘米，重量仅200克，专用传感器尺寸为宽3.4厘米、长30厘米、高6.8厘米，重量约30克，两者可用蓝牙互连，BOCCO 机器人可通过无线 Wi-Fi 连接上智能手机专用 App，可用于看护家中儿童和老人，或监控家中情况。

图 62　BOCCO 看护型机器人

（3）Patin

由 Flower Robotics 开发的 Patin 属于自动行走型机器人，主要由移动底座（图 63）和上层平台组成，可以在平台上安装照明、清洁、交流等各种功能模块，构成可移动式的多用途机器人。2015 年开始销售，移动底座尺寸为长 34 厘米、宽 33 厘米、高 19 厘米，具备 AI 环境判断功能，无线连接云服务平台后可以进行数据分析和综合判断，可以承载 5 公斤左右的物体自主移动，同时开源式的 SDK 可以用于各类不同模块的功能开发。

图 63　Patin 自动行走型机器人

六 新技术的应用与实践

（4）Keipu 惠风

由 AIZUK 开发的"Keipu 惠风"是轮椅式辅助行走机器人（图 64），主要用于医疗看护用，替代传统的轮椅功能，具备智能控制、移动、警笛等功能。尺寸为长 73 厘米、宽 61 厘米、高 105 厘米，重约 47 公斤，可承载 75 公斤，爬坡斜度可达 6 度，最高时速前进 2 千米，后退 1.5 千米，满电行驶距离约 5 千米，从 2012 年开始在会津中央医院试运营，期待今后能作为医疗、看护、旅游等需要辅助行走的领域。

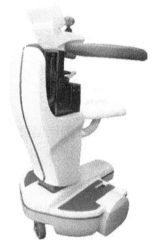

图 64 Keipu 惠风辅助行走机器人

（5）HOSPI

"HOSPI"是由索尼公司开发的搬运型机器人（图 65），搭载侦测感应系统和自动导航系统，能连接运行监视系统，具备空间路线储存、路径判断、搬运负重、自动行走、监控巡逻等功能，开发的主要目的是应用于医院器材和药品的搬运，可以自动计算送药路径、搭载电梯，显示屏可以进行交互。如作为送药机器人，配置了防护机制，包括密码验证和防撞击功能，需要医生或者护士专用 ID 卡认证，并防止药品在运送途中遭遇撞击或意外，内部的药品也以液体或者固体做区隔存放在不同的位置。2013 年开始正式销售，尺寸为长 72 厘米、宽 63 厘米、高 139 厘米，重约 170 公斤，最大承载 20 公斤，最快移动速度每秒约 1 米。

图 65　HOSPI 搬运型机器人

（6）V-Sido

V-Sido 是由 Softbank 公司研发的人形机器人控制软件，主要提供机器人系统控制，如图 66 所示，利用 V-Sido 开发程序后，写入芯片用于控制机器人，如搭载负重型机器人（Takaratomy 和 Brave Robotics 公司联合研发）、重型设备远程操作机器人（富士建公司和国土交通省联合研发）、接待用机器人（大阪大学石黑教授研发的安卓控制系统）、舞蹈展示机器人（产业技术综合研究所后藤研究员研发的 Songle 系统）等。

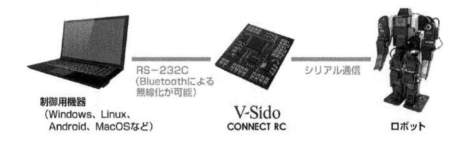

图 66　V-Sido 机器人控制软件

（7）Pepper

由 Softbank 公司开发的人形机器人（图 67），通过云服务平台进行人机交互。具备语音识别、语音交互、空间识别和滑行，以及情感交流等功能，提供开源的 App 开发工具，可加载程序命令实现各类应用，如电子教材展示、天气预报、日程提示、远程监控等功能。2015 年开始销售，分为一般家庭用型号和企业用型号，前者可用于家人会话、交流、监控等，后者则用于企业接待、销售、介绍宣传等，如在 Softbank 店面、nestle 直营店等作为营业员辅助营销活动，在学校作为儿童向导和辅导员等。IBM 公司专门联合 Softbank 公司利用"Watson"认知计算系统为 Pepper 提供认知判断云服务，主攻智能识别和认知判断等在商业和生活领域的应用。

图 67　Pepper 人形机器人

在教育中机器人的应用主要有两类形式，一类是进行机器人相关知识的教育，如机器人感应技术、人工智能技术、计算机程序控制技术、语音识别技术等等，另外一类则是利用机器人开展教学辅助，如机器人辅助计算机编程知识的学习、人形机器人代替教师或辅助教师进行课堂教学、远程教学时利用机器人进行远程操作和交互等等。一般"机器人教育"（Robotics Education）多指前者，而后者则多用"机器人辅助教育"（Robot Assisted

Education），即利用机器人及其相关设备开展教学辅助，而不是专业开展学习机器人相关学科知识，机器人辅助教育传承计算机辅助教育的优点，以建构主义理论为指导，强调以学习者为中心，为学习者创造个性化学习环境，提供自适应性学习辅导，提高教学质量和学习效率。除此以外，辅助教学的机器人将计算机拟人化，模拟视听觉感官和情感，并有智能识别、自主判断、优化决策等功能。目前教育中的机器人多是为学习理科、工程或计算机等学科的知识而开发，尤其是在初中等教育中，机器人相关知识过于专业化，不适合作为必修科目，但可以通过机器人开展科学技术的理解，学习计算机编程知识，促进创客教育和国际化教育，理解信息科学对社会的重要性，培养学生学习积极性和信息技术综合运用能力。如简易化的计算机程序语言 Logo、Scratch 等机器人玩具控制、利用 Mindstorms 套件组装简易机器人、OLLO 机器人教育套装帮助入门者学习机器人基础知识、BIOLOID 模块化机器人套装开展机器人教学和创意比赛等等。

日本希望采用机器人和人工智能技术，实现未来教育均质化，弥补地区和家庭之间因经济等问题导致的数字鸿沟，推动科学知识理解和培养下一代高科技领军人才，因此积极推动在这方面的研究开发和教学实践，JIMENEZ Felix 和加纳政芳合著的《教育現場で活用されるロボットの研究動向》一文中分析讨论了教育领域中机器人的研究动向，文章指出以人机交互（HRI：Human-Robot Interaction）为主的教育辅助用机器人分为单人用机器人和多人用机器人，前者以个人用机器人辅助教学为主，后者则多用于多个学习者一起进行协调学习、集中学习、远程教学等情况。

按照研究内容分类，机器人教育相关研究可分为学科教育、兴趣教育、教学辅助三大领域。其中，学科教育主要集中在理科、综合学习时间、信息、技术家庭等科目上，这类研究文献最多，如《中学生の発達段階に応じたロボット教育の授業実践》通过机器人教育开展课程实践；《協働的問題解決を取り入れた技術科の授業実践》通过初中技术家庭科目的教学活动，采用机器人制作方式开展协同学习；《マイクロロボットを用いた情報教育用教材の開発》通过开发微型机器人的实践内容，研究编写信息教育专用教材；《アルゴリズム学習のための流れ図ゲーム》中通过程序控制机器人进行程序语言的理解和教学，让学生理解算法（Algorithm）的重要性。

兴趣教育则以非学科教育为主，主要培养学生课外兴趣爱好，如《二足歩行ロボットを使用したプログラミング教育》讨论了双足步行机器人的计算机程序教育，《ロボット教育を通した創造力の育成に関する考察》通过机器人比赛探析了机器人教育对创造力培养的良好作用。

教学辅助主要采用机器人开展各类教学和学习辅助，如《ICTを活用した、病弱教育における『つなぎ支援』の在り方を研究する：ロボットやインターネットなどの最先端機器の効果的な活用》讨论了利用机器人和互联网等设备辅助体弱多病或身体残障的学生学习；《ロボット教師によるダイレクトメソッドの外国語会話学習の提案》通过机器人教师开展外语会话学习活动；《仮想三次元空間での外国語教育を支援するTAロボットシステム》将机器人作为教学辅助人员开展虚拟3D空间的外语教育。特别是《石垣島における水中ロボットを利用した水中文化遺産教育》利用水下机器人开展冲绳附近水域文化遗产教育（图68），以游戏控制器方式编程控制水下机器人移动，帮助学生开展野外学习。

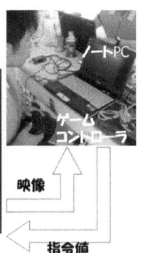

图68　水下机器人教学实践

今后随着信息技术的发展，日本在机器人教育和 AI 辅助教学方面会有更多研究实践出现，尤其是理科教育、外语教育、远程教育等方面，在日本少子化、高龄化的情况下，这类研究将会具有更为现实的社会意义。

参考文献

JMOOC 主页，http://www.jmooc.jp/.

JOCW 主页，http://www.jocw.jp/.

Gacco 主页，http://gacco.org/.

OUJ MOOC 主页，https://www.facebook.com/oujmooc.

日本国立情報学研究所，http://ci.nii.ac.jp/ja.

JAIRO，http://jairo.nii.ac.jp/.

KAKEN，http://kaken.nii.ac.jp/.

ShareWis，http://share-wis.com/.

e-kokoro 先进教育信息环境整备推进协议会 http://www.e-kokoro.ne.jp/.

富山インターネット市民塾，http://toyama.shiminjuku.com/.

和歌山インターネット市民塾，http://wakayama.shiminjuku.jp/.

日本教育工学会，http://www.jset.gr.jp.

日本教育系统信息学会，http://www.jsise.org/.

日本教育媒体学会，http://www.jaems.jp/.

日本文部科学省，学习指导要领，http://www.mext.go.jp/a_menu/shotou/youryou/main4_a2.htm.

日本总务省，情報通信白書，http://www.soumu.go.jp/johotsusintokei/whitepaper/index.html.

CHiLO Book 概要 http://www.slideshare.net/MasumiHori/chilo-bookties-v9.

大阪大学 Cybermedia Center 网站 http://www.cmc.osaka-u.ac.jp/.

大阪大学世界语言 e-learning 网站 http://el.minoh.osaka-u.ac.jp/lang/index.html.

ナレッジマネジメント http://home.att.ne.jp/sea/tkn/Issues/Issue-KM.htm.

文部科学省, 特別支援教育, http://www.mext.go.jp/a_menu/shotou/tokubetu/main.htm.

日本政府统计综合窗口, http://www.e-stat.go.jp/SG1/estat/eStatTopPortal.do.

日本総務省, ICT の経済分析に関する調査 報告書,

http://www.soumu.go.jp/johotsusintokei/linkdata/ict_keizai_h27.pdf.

日本総務省, 2020 年に向けた社会全体の ICT 化アクションプラン(第1版),

http://www.soumu.go.jp/menu_news/s-news/01tsushin01_02000158.html.

日本文部科学省, 教育の情報化ビジョン ~ 21 世紀にふさわしい学びと学校の創造を目指して ~, http://www.mext.go.jp/b_menu/houdou/23/04/__icsFiles/afieldfile/2011/04/28/1305484_01_1.pdf.

日本総務省, 教育分野における ICT 利活用推進のための情報通信技術面に関するガイドライン(手引書)2011、2012.

http://www.soumu.go.jp/main_sosiki/joho_tsusin/kyouiku_joho-ka/future_school.html.

日本総務省《中学校成果報告書》http://www.soumu.go.jp/main_sosiki/joho_tsusin/kyouiku_joho-ka/future_school.html.

参考文献

学びのイノベーション事業実証研究報告書，日本文部科学省，http://www.mext.go.jp/b_menu/shingi/chousa/shougai/030/toushin/1346504.htm.

平成27年度学校における教育の情報化の実態等に関する調査結果（概要）http://www.mext.go.jp/component/a_menu/education/micro_detail/__icsFiles/afieldfile/2016/09/26/1376689_1.pdf.

日本文部科学省，平成25年度学校における教育の情報化の実態等に関する調査結果，
http://www.mext.go.jp/a_menu/shotou/zyouhou/__icsFiles/afieldfile/2014/09/25/1350411_01.pdf.

日本総務省，平成25年度教育分野における最先端ICT利活用に関する調査研究報告書，
http://www.soumu.go.jp/main_sosiki/joho_tsusin/kyouiku_joho-ka/kyouiku_ict.html.

日本総務省，「先導的教育システム実証事業」，
http://www.soumu.go.jp/main_sosiki/joho_tsusin/kyouiku_joho-ka/sendou.html.

日本文部科学省，「学びのイノベーション事業」，http://jouhouka.mext.go.jp/school/innovation/.

日本文部科学省，教育振興基本計画，
http://www.mext.go.jp/a_menu/keikaku/detail/__icsFiles/afieldfile/2013/06/14/1336379_02_1.pdf.

日本首相官邸，「日本再興戦略」改訂 2014 —未来への挑戦— http://www.kantei.go.jp/jp/singi/keizaisaisei/pdf/honbunJP.pdf.

日本首相官邸，世界最先端 IT 国家創造宣言 https://www.kantei.go.jp/jp/singi/it2/kettei/pdf/20130614/siryou1.pdf.

大阪大学，未来共生イノベーター博士課程プログラム岩手県野田村サテライト，

http://www.respect.osaka-u.ac.jp/satellite-nodamura/.

The NMC Horizon Report: Higher Ed Edition. http://www.nmc.org/horizon-project/horizon-reports/horizon-report-higher-ed-edition.

日本総務省，ICT 地域活性化ポータル，

http://www.soumu.go.jp/menu_seisaku/ict/u-japan/tkportal/casestudy_052.html.

日本文部省「デジタル教科書」の位置付けに関する検討会議，

http://www.mext.go.jp/b_menu/shingi/chousa/shotou/110/index.htm.

文部科学省，大学教員のファカルティディベロップメントについて，

http://www.mext.go.jp/b_menu/shingi/chukyo/chukyo4/003/gijiroku/06102415/004.htm.

京都大学高等教育研究開発推進センター，大学教員教育研修のための相互研修型 FD 拠点形成，http://www.highedu.kyoto-u.ac.jp/fd/project/overview.html.

参考文献

関西地区 FD 連絡協議会，初任教員向けプログラム，
http://www.kansai-fd.org/activities/training/cat/program_for_junior_faculty.html.

文部科学省，大学における教育内容等の改革状況について（概要），
http://www.mext.go.jp/a_menu/koutou/daigaku/04052801/__icsFiles/afieldfile/2014/11/18/1353488_1.pdf.

日本宇宙航空研究开发机构，超高速インターネット衛星「きずな」（WINDS）による超鏡システム（ハイパーミラー）を使用した遠隔教育（eラーニング授業）実験実施結果について，
http://www.jaxa.jp/press/2009/01/20090128_kizuna_j.html.

佐藤健.外国語教育におけるニューメディアとしてのイメージ表示の意義:外国語としての英語における語彙習得の観点から.メディア教育研究.2003,(11),9~25.

影戸誠.教育の質を変えるニューメディア.現代と文化.2004,(110),1~27.

井上丰久.ニューメディアの影響とメディア・リテラシー形成の問題.日本生涯教育学会年報.2000,(21),21~38.

熊井信弘,DANIELS Paul.モバイル・デバイスを利用したシャドーイング練習のための Moodle モジュールの開発とその活用.言語文化社会.2013,(11),115~130.

三枝裕美.中国語教育におけるモバイルラーニング教材の開発:開発初期段階の報告と、初歩的な評価について.長崎外大論叢.2010,(14),75~86.

三野宮太郎.携帯電話での韓国語学習支援用 LMS の提案.電子情報通信学会技術研究報告.2009,109(335),101~106.

菊地俊一.モバイル学習としての iTunesU と Second Life の可能性.名古

屋外国語大学外国語学部紀要.2008,(34),37~61.

榎田一路.オリジナル英語学習用ポッドキャストの携帯電話への配信.広島外国語教育研究.2012,(15),75~87.

鈴木康洋,金義鎮,金惠鎮.韓国語学習におけるモバイル端末用の電子教科書の実践活用とその評価分析.情報処理学会研究報告.2012,1~7.

三宅茜巳.英語教育を対象とした電子テキストの教材開発研究.日本教育情報学会年会論文集.2010,(26),410~413.

廣江顕,畑田秀将.ICT活用型授業への警鐘.尚絅学園研究紀要A人文・社会科学編.2012,(6),87~98.

副田恵理子,平塚真理.初級学習者による漢字語の意味理解のための外部リソース使用実態調査——電子辞書の使用法に焦点をあてて.北海道大学留学生センター紀要.2009,(13),58~77.

毛利美穂.自律学習を支援するコミュニティの構築.大手前大学CELL教育論集.2009,1,13~16.

佐藤太紀,若杉朋範,五月女雄一.多読促進を目的としたコミュニティシステムの開発と運用.教育システム情報学会研究報告.2009,23(7),112~117.

大塚薫.SNSを利用した日本語作文授業の試み——対面教育及び遠隔教育を統合した授業.高知大学総合教育センター修学留学生支援部門紀要.2008,(2),58~72.

松本章代,木村実穂,佐伯啓.Skypeを利用した外国語会話訓練システムの構築.情報処理学会研究報告.2013,120(5),1~4.

岩居弘樹.音声認識アプリを活用したドイツ語発音練習の試み:ICT支援外国語アクティブラーニングの実践報告.大阪大学高等教育研究.2013,1,51~58.

大槻雅俊.学校外国語活動におけるコミュニケーションの活性化に関する実践的研究:多様な形態のジェスチャーを活用して.日本教育学会大会.2011,70,258~259.

Schwartz Alan ,Huang Caroline,Tao Jidong. ビデオ配信と音声認識を活用した英語学習システム：CALL システムにおける音声認識利用の評価 (言語と学習 , 場の共創). 電子情報通信学会技術研究報告 .2009,109(297),29~34.

近藤睦美 , 石川保茂 , スミスクレイグ . ニンテンドー DS 利用による自律学習とシミュレーションを取り入れた英語授業デザインの試行 . 日本教育工学会研究報告集 .2010,(3),191~198.

西垣知佳子 , 中條清美 . 多言語運用能力養成のためのマルチ・ランゲージ語彙学習教材の開発――カルタと携帯型ゲーム機を使った教材 . 千葉大学教育学部研究紀要 .2009,57,253~259.

郭清蓮 . 外国語学習と迷路ゲームを融合したデジタルアプリケーションの構築 . 情報処理学会研究報告 .2013,61(36),1~4.

中野茂 , 明石伸子 , 西川葉澄 . 教室でのゲームおよびクイズの導入の問題点と可能性 . 独協大学外国語教育研究 .2011,(29),58~60.

稲葉みどり .e-Learning による日本語の語彙学習の履歴分析――聴解学習との比較の観点から . 教科開発学論集 .2013,1,33~44.

鈴木薫 . 日本の聴覚障がい生徒を対象とした英語学習に関するアンケート調査：クロス集計分析とキーワード分析 . 名古屋学芸大学短期大学部研究紀要 .2013,(10),65~73.

永井崇 , 佐久間康之 . 外国語活動における児童の心理的特徴の分析と今後の課題：より良きカリキュラム作成に向けて . 福島大学総合教育研究センター .2012.

坂口和寛 , 河野俊之 . 類義語分析ストラテジーのトレーニングに見られた正用例文分析行動の特徴 . 日本語教育方法研究会誌 .2012,19(1),32~33.

角田和巳 . 海外ニュース MIT OCW プロジェクトについて . 大学教育と情報 ,2001,10(2):22~24.

植村八潮 .MIT OCW が開ける新しいドア講義の著作権は誰のものか . 印刷雑誌 ,2001,84(8):59.

深川美帆.Open Course Ware を用いた聴解指導:講義のききとり練習のための一試案.日本語教育方法研究会誌,2008,15(1):4~5.

山田恒夫,森本容介.OCW における連携活動:グローバル横断検索サービスの開発.工学・工業教育研究講演会講演論文集平成 21 年度,2009,428~429.

Tang Ya-Hui, Wan Hsu-Tien.Re-production of OCW Content for Various Mobile Devices : An Example of "Medical usage & learning of Hakka". Informatics,2011, 5(1):45~47.

小笠原宏.ビデオ録画によるデータベースの構築及びその教育コンテンツとしての利用を考えたより効果的な授業公開相互参観制度 (OCW) の提案 -- より効果的な授業のために.流通科学大学高等教育研究センター紀要,2011,8:1~13.

重田勝介.東京大学における「教育の情報化」:東京大学オープンコースウェア (UT OCW) と iTunes U の運営と活用.工学教育研究講演会講演論文集平成 23 年度,2011,(59):438~439.

福原美三.Open Educational Resources の最新動向と将来展望[J]. cybermedia forum,2013,(14):17~21.

Scratch を用いた小学校プログラミング授業の実践,日本教育工学会論文誌,34(4),2011.

ディジタルおもちゃづくりを取り入れた小学校ものづくり授業の実践,日本大阪大学教育学年報第 18 号,2013.

夏目達也,大学教育の質保証方策としての FD の可能性,名古屋高等教育研究,11,133-152,2011.

廣渡修一,全学 FD(企画・運営組織;FD 事業;事業予算)に関する全国国立大学調査報告,大学教育研究ジャーナル,2,45-65,2005.

山口悦司,稲垣成哲,福井真由美,舟生日出男(2002)コンセプトマップ:理科教育における研究動向とその現代的意義.理科教育学研究,43(1): 29-51.

吉永耕介，安部真人，二足歩行ロボットを使用したプログラミング教育，神田外語大学紀要 (28), 141-170, 2016.

福田哲也，太田直晃，井上伸治，中学生の発達段階に応じたロボット教育の授業実践，追手門学院一貫連携教育研究所紀要 2, 11-18, 2016.

橘岡正樹，ICTを活用した、病弱教育における『つなぎ支援』の在り方を研究する：ロボットやインターネットなどの最先端機器の効果的な活用，大阪の病弱教育 (52), 47-50, 2016．

葉山泰三，谷口義昭，薮哲郎，古川大和，佐竹靖，市橋由彬，ロボット教育を通した創造力の育成に関する考察，次世代教員養成センター研究紀要 (2), 253-258, 2016.

河原林友美，丸山晃生，吉田康浩，マイクロロボットを用いた情報教育用教材の開発，福井工業高等専門学校研究紀要．自然科学・工学 (49), 39-45, 2016.

坂上憲光，小野林太郎，李銀姫，片桐千亜紀，山本祐司，中西裕見子，石垣島における水中ロボットを利用した水中文化遺産教育，工学教育 64(1), 1_54-1_59, 2016.

池本友亮，松井博和，内田早紀，ロボット教師によるダイレクトメソッドの外国語会話学習の提案，電子情報通信学会技術研究報告．PRMU, パターン認識・メディア理解 113(493), 37-41, 2014.

大月美佳，大月伸男，鈴木右文，岡野進，仮想三次元空間での外国語教育を支援するTAロボットシステム，情報教育シンポジウム2001論文集 2001(9), 115-122, 2001.